# Terminale : 2021-2023

**Objet d'étude :**

**« Vivre aujourd'hui : humanité, monde, sciences et technique »**

- **Lecture, compréhension, interprétation, argumentation**
- **Connaissance et maîtrise de la langue**
- **Enseigner le français à l'heure du numérique**

**Thématique :**
**Le jeu**


| INTRODUCTION p.2 | | |
|---|---|---|
| Séquence 1 | Jouer pour apprendre | p.3 |
| Séquence 2 | Jouer pour lutter | p.13 |
| Séquence 3 | Jouer pour s'amuser : séduire | p.28 |
| Séquence 4 | Jouer pour se dépasser | p.42 |
| Séquence 5 | Jouer pour créer du lien | p.55 |
| Séquence 6 | Jouer pour s'évader rêver | p.67 |
| Bac Blanc | 3 Sujets | p.81 |
| Les 8 commandements du jeune prof | (conseils pédagogiques) | p.92 |

## INTRODUCTION

### BRAINSTORMING

Faire réfléchir le groupe aux coins jeux qui existent dans les classes de maternelle.

- Demander à chacun d'aller coller un post-it au tableau avec un seul nom de coin jeu dont il se souvient.
- Faire un récapitulatif oral des coins proposés.
- Pour chaque coin, demander à nouveau d'écrire une compétence sur un post-it.
- Résumer les compétences sous forme de tableau à 5 entrées :

| | **1 S'amuser** | **2 S'évader** | **3 Apprendre** | **4 Créer du lien** | **5 Se confronter** |
|---|---|---|---|---|---|
| Compétences | | | | | |
| Noms de jeux | | | | | |
| Apports ; Bienfaits | | | | | |

- Annoncer que ce sont les thèmes sur lesquels on va travailler toute l'année autour du jeu (en précisant qu'on ajoute une 6ème colonne : jouer pour lutter, défendre une cause.)

**But de cette entrée en matière : démontrer que dès notre petite enfance, le jeu contribue à forger notre personnalité**

# SEQUENCE 1

# JOUER
# POUR APPRENDRE

| | | |
|---|---|---|
| SEANCE1 | Confection d'un serious game grammatical : STAR GRAM | 1h |
| SEANCE2 | Tournoi de STAR GRAM | 2h |
| SEANCE3 | Réflexion sur le jeu des gendarmes et des voleurs | 2h |
| SEANCE4 | Point langue : implicite et ironie | 1h |

**JOUER POUR APPRENDRE**

# STAR GRAM

Quoi de mieux en début d'année que de participer à la création d'un serious game pour entrer dans le thème ? Surtout si ce jeu a pour but une remise à niveau grammaticale, hélas bien nécessaire à tous les niveaux ! On joint le côté ludique au côté utilitaire tout en favorisant la cohésion et l'autonomie.

**Déroulement** :

- Faire travailler les élèves par groupes (de 3 ou 4 maximum).
- Distribuer une grille STAR GRAM par groupe ainsi qu'une règle à compléter.
- Leur faire tirer une difficulté grammaticale au sort.
- Leur demander de rédiger la règle à l'aide des morceaux de règle fournis. (20 minutes)
- Les laisser trouver des questions sur cette règles pour compléter leur grille : imposer une case « recule de… », une case « avance de… » et une case « gage » qu'ils devront déterminer (dans la limite du raisonnable !) (Le principe est le même que celui du jeu de l'oie !) (40 minutes)
- Fournir des jetons de couleur à chaque groupe : l'équipe bleue, l'équipe rouge, etc… ainsi qu'un dé par table.
- La partie peut commencer ! (sur 1 ou 2 séances suivant le nombre d'élèves, voire plus s'il y a la revanche…)

  Un joueur de chaque équipe se place par table.

  1/4h par grille.

  Puis, chaque table passe à la table suivante.

  Le professeur note les victoires au tableau de manière à suivre les scores et récompenser l'équipe qui aura fini en tête le plus grand nombre de fois à la fin.

# JOUER POUR APPRENDRE

| | | |
|---|---|---|
| | | |
| |  Passe ton tour ! | |
| | | |
| | | |
|  Repars à 0 ! | | |
| | | |
| | |  Tu gagnes une 2ème chance |

## JOUER POUR APPRENDRE

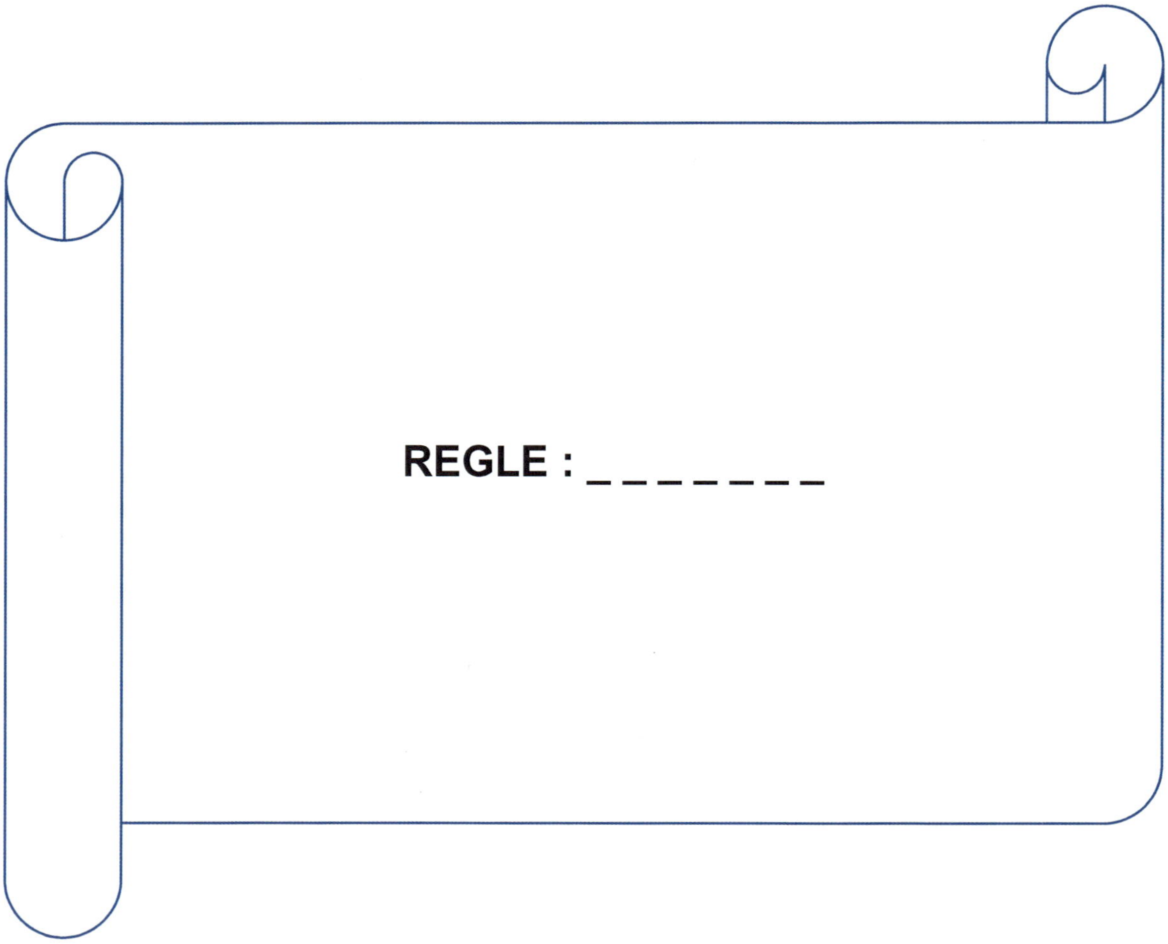


Chaque groupe a 20 minutes pour rédiger la règle dont il a la charge :

1 : Accords en genre et en nombre (y compris les couleurs)

2 : Homonymes (ce/se ; et/est ; ces/ses/c'est/s'est…)

3 : Conjugaison

4 : Tout/tous

5 : Leur/leurs

6 : Accord participe passé

(Pour faciliter la tâche, le professeur fournit divers morceaux de règle dont les élèves doivent faire la synthèse.)

# JOUER POUR APPRENDRE

https://www.ac-caen.fr/dsden50/discip/eps/IMG/pdf/Pontais-_Delamarre_Gendarmes_et_Voleurs.pdf

1. **Le but du jeu – la signification émotionnelle du Gendarmes et Voleurs**
   ***C'est un jeu de défi et de poursuite : les Gendarmes veulent attraper les Voleurs qui les provoquent, « tu ne m'attraperas pas*** ! ». S'ils réussissent, ils les emmènent en « prison ». Pour que le jeu perdure, les voleurs doivent aller délivrer les prisonniers. Les deux équipes s'affrontent dans un espace défini et ont des intentions opposées : pour les Gendarmes prendre le maximum de voleurs et pour les Voleurs d'avoir le moins possible de prisonniers.
   **Le défi et la délivrance sont les deux ressorts émotionnels (motifs d'agir) de ce jeu. Le « héros » est le délivreur. Le Gendarme a un pouvoir symbolique de mort (« je te prends ta vie ») et le Voleur le pouvoir de « redonner la vie » (délivrer).**
   Ces motifs d'agir s'inscrivent dans une solidarité d'équipe : ***les Gendarmes doivent s'organiser collectivement*** pour surveiller la prison et ***les voleurs sont amenés à prendre des risques***, « sacrifier leur vie », pour sauver leurs équipiers. ***L'émotion est également présente dans la course elle-même***.
2. **Les règles - le principe d'égalité des chances**
   Les règles du G et V sont variables mais répondent toujours à une ***nécessité d'égalité des chances et d'équilibre du jeu et de maintien du défi***. L'incertitude du résultat donne du sens au jeu. ***Si les voleurs gagnent toujours, il sera très difficile de recruter des gendarmes !*** - Le nombre de voleurs et de gendarmes peut ne pas être identique : souvent le « bon » équilibre est 1/3 de gendarmes pour 2/3 de voleurs. - La taille du terrain et ses variables sont conçues en fonction de l'égalité des chances : - les voleurs ont un ou plusieurs camps pour se reposer - la distance camp / prison, la taille des camps modifient l'égalité des chances (plus le camp des voleurs est grand, plus il est difficile à surveiller) - ***les Gendarmes peuvent se déplacer partout ou avoir des endroits interdits (plus les gendarmes peuvent s'approcher du camp des voleurs, plus la liberté des voleurs diminue)*** - le nombre de prisons : plus il y a de prisons, plus il y a de possibilités spatiales pour délivrer.
3. **Connaissance fonctionnelle du jeu des Gendarmes et Voleurs**
   Si l'on considère que, dès qu'il y des prisonniers, tout le jeu est orienté par la prison, les rapports Gendarmes/Voleurs sont contradictoires. Le jeu évolue, la majorité du temps, dans un contexte d'incertitude. ***A chaque décision d'action, il y a lieu de maîtriser le couple risque/sécurité. Chaque joueur doit comprendre l'action de l'adversaire pour l'empêcher de prendre l'initiative.***

# JOUER POUR APPRENDRE

**3.1. les principes d'opposition Gendarmes –Voleurs**

- ***Le Gendarme doit surveiller la prison tout en attrapant des voleurs Il doit passer d'un engagement individuel à une organisation collective et tenir simultanément deux rôles : protéger et/ou attraper les voleurs. - empêcher la progression vers la prison (cible) : empêcher le voleur de sortir de son camp, l'éloigner, le repousser, l'excentrer - réduire l'espace d'action du voleur : l'empêcher de passer, l'obliger à contourner et aller dans des espaces réduits (les « bordures »). - se répartir l'espace avec ses co-équipiers (surveiller la prison).***

- Le Voleur se déplace dans un espace orienté par la prison : Il doit passer d'un engagement individuel où le but est uniquement de se protéger à un engagement individuel ou à plusieurs en fonction de l'analyse de la situation pour aller délivrer les partenaires. - progresser vers la cible : aller directement vers les prisonniers ou contourner - agrandir l'espace d'action : avancer seul ou avec des partenaires, créer des espaces libres en provoquant des mouvements de gendarmes

- le prisonnier : doit agrandir la cible en se déplaçant (augmenter les possibilités de délivrance, seul ou avec ses co-équipiers, dans les limites autorisées).

**4. Les enjeux de formation**

Il nous semble qu'avec une telle analyse, les jeux traditionnels peuvent être des objets d'enseignement à part entière. Au-delà des compétences d'attitudes (se conduire dans un groupe en fonction de règles), méthodologiques (s'interroger sur des stratégies collectives, observer une équipe, dire pourquoi on a gagné ou perdu…), il est important de se centrer sur les compétences motrices (au sens large de savoir-faire maîtrisés, régulés, enchaînés) dans un contexte d'incertitude et de communication. Il s'agit au fond de permettre à chaque élève ***d'être autonome et responsable de ses choix et décisions d'actions : ne jamais subir le jeu mais au contraire, savoir qu'à tout moment, il peut peser sur le cours du jeu.***

a-Ce jeu, comme beaucoup d'autres, permet d'apprendre à respecter des règles. Quelles sont les règles à respecter ici ?
b-Qu'est-ce qui favorise la cohésion dans ce jeu ?
c-Explique comment on peut transposer les passages en ***gras italique*** à la vie réelle, notamment au rapport délinquants/Forces de l'Ordre.
d-Explique pourquoi **le passage en rouge** va à l'encontre des règles de vie d'une république démocratique telle que la France.
e-Penses-tu que ce jeu, fréquemment joué dans les cours d'écoles françaises depuis des décennies, puisse avoir un impact sur la perception que les enfants ont de la police ? Justifie.
f-Sais- tu que les devises des gendarmes et policiers sont respectivement :
-« Pour la Patrie, l'honneur et le droit » ; « sauver des vies au mépris de la sienne »
-«Ils veillent pour la Patrie » ; « Servir et protéger »
Commente :

# JOUER POUR APPRENDRE

**Il y a un an tombait Arnaud Beltrame: hommage à un héros**

FIGARO- Arnaud Beltrame est mort il y a un an, à Trèbes, face à un terroriste islamiste, en échangeant sa vie avec celle d'une jeune femme.

Par Bertrand Sartorius Publié le 22 mars 2019

*Le père Bertrand Sartorius est aumônier en chef adjoint de gendarmerie à l'aumônerie militaire catholique.*

Le 23 mars 2018, un terroriste islamiste se lance dans une course meurtrière à travers la ville de Trèbes (Aude), avant de se retrancher dans l'hypermarché Super U aux portes de la ville. **Un lieutenant-colonel de gendarmerie, arrivé parmi les premiers sur place, s'offre en échange d'une jeune femme prise en otage. Quelques heures plus tard, alors que l'assaut est donné, il est retrouvé agonisant** aux pieds du terroriste abattu. Malgré les soins qui lui seront prodigués, il mourra au petit matin suivant. Ce lieutenant-colonel s'appelait Arnaud Beltrame.

Cette mort a un retentissement extraordinaire à travers la France et le monde entier. L'opinion nationale et internationale s'enflamme à l'annonce de ce geste héroïque. Les plus hautes autorités de la République Française, les principaux dirigeants du monde entier (Donald Trump, le Pape) lui rendent hommage.

Un an après, alors que la fièvre médiatique retombe, la mémoire s'installe: 200 villes ont honoré la mémoire du héros, par exemple en lui dédiant une rue, une place, un square. A la Direction Générale de la Gendarmerie Nationale (DGGN), une grande fresque orne le mur d'enceinte.

La promotion sortante des Élèves Officiers de la Gendarmerie Nationale (EOGN) le choisit comme parrain de promotion. Et six livres ont été écrits, qui s'interrogent sur les origines d'Arnaud, son chemin humain, intellectuel et spirituel et, in fine, sur le sens profond de cet acte fatal posé dans le Super U. **Les amis d'Arnaud, ses anciens camarades de promotion, ceux qui l'ont connu dans les diverses étapes de sa vie militaire n'ont bien souvent pas été surpris de l'attitude d'Arnaud dans cette tragique circonstance.**

On évoque sa très probable indignation chevaleresque de l'homme devant une femme menacée. On imagine aussi très bien qu'il ait estimé - sans nul doute à juste titre - être apte à négocier avec le terroriste, le neutraliser, ou offrir une occasion d'intervention favorable aux hommes du GIGN, plus que la jeune otage dont il prenait la place.

## JOUER POUR APPRENDRE

Essayons toutefois d'analyser plus loin le geste : Arnaud se livre au terroriste, allant jusqu'à lui abandonner son arme de service - qui sera retournée contre lui - en échange de la liberté de la jeune caissière. À cet instant, il n'abandonne pas tout espoir de survie, sans doute espère-t-il neutraliser le terroriste, soit en le convainquant de se rendre, soit en l'affrontant à mains nues, soit en favorisant l'intervention des hommes du GIGN ; **nous ne saurons jamais son plan, s'il en avait un**. Il n'en reste pas moins que ce geste va bien au-delà de ce qu'on aurait pu attendre de tout membre des forces de l'ordre. Un gendarme ou un policier risque certes parfois sa vie en intervention, mais jusqu'à un certain point. Et se placer librement en situation de vulnérabilité extrême devant un terroriste se situe certainement au-delà de ce point.

Laissons pour finir la parole au Général Richard Lizurey, directeur général de la gendarmerie nationale (DGGN): «*Se mettre entre les mains d'un terroriste voulant tuer n'est évidemment dans aucun texte de procédure interne et ne le sera jamais. Les procédures sont faites pour permettre l'efficacité des interventions tout en veillant à la sécurité des militaires. Mais un gendarme prête serment, celui de servir la population, y compris, parfois, s'il le faut, au péril de sa propre vie. Arnaud Beltrame n'a pas appliqué des procédures ; il a fait mieux: il a respecté son serment. Et ce faisant, il a sauvé une vie, sans doute même plusieurs* ».

g-Comment pourrait-on modifier ce jeu pour que le « héros » soit le gendarme et le voleur le « méchant » ?

## POINT LANGUE

## L'IMPLICITE

L'implicite, c'est dire sans dire, sous-entendre, laisser penser, faire des allusions. On n'exprime pas ce que l'on pense directement mais on le laisse deviner, on le suggère. Contraire : être clair et précis.

Dans le texte précédent, les passages en gras contiennent de l'implicite :

- Le 1er nous dit que le gendarme s'offre en échange…puis qu'il est retrouvé agonisant > on comprend donc, sans que ce soit précisé, qu'il a été attaqué.

## JOUER POUR APPRENDRE

- Le 2ond nous informe que ses amis n'ont pas été surpris de son acte > on en déduit qu'il a toujours eu ces qualités de bravoure, courage et dévouement.
- Le 3ème nous affirme qu'on ne connaîtra jamais son plan, s'il en avait un > Clairement, on n'a aucune idée de ce qu'il avait en tête !

**IRONIE**

L'ironie est le procédé le plus courant pour exprimer l'implicite. Il s'agit de dire le contraire de ce que l'on pense pour se moquer : autrement dit, le message explicite (délivré) est faux, le message implicite (non-dit) est vrai :

ex : *J'adore le français ! (message à comprendre : je n'aime pas du tout !)*

# SEQUENCE 2
# JOUER POUR
# COMBATTRE
# LUTTER

| | | |
|---|---|---|
| SEANCE1 | -point langue : la nouvelle<br>-étude de : La 75ème minute, partie 1, Paganelli | 1h |
| SEANCE2 | -étude de : La 75ème minute, partie 2, Paganelli | 1h |
| SEANCE3 | -Point langue : les expressions autour du jeu<br>-Point exam : présenter un document<br>-photolangage : les JO | 1h |
| SEANCE4 | Numérique :<br>-recherche sur la ségrégation<br>-analyse extrait du film Le plus beau des combats | 2h |
| SEANCE5 | -Presse :<br>lutter pour l'égalité hommes/femmes<br>-point exam : l'introduction | 1h |
| SEANCE6 | -Point langue : champ lexical/famille de mots<br>-les fake news | 2h |

## JOUER POUR COMBATTRE, LUTTER

## POINT LANGUE

## CARACTERISTIQUES DE LA NOUVELLE

Texte narratif =

Histoire qu'on raconte

Brièveté, concision

Peu de détails sur personnages ; peu de personnages

Schéma narratif :

-situation initiale
-élément déclencheur
-péripéties
-dénouement = chute (surprise)
-situation finale

## ETUDE DE LA NOUVELLE : <u>La 75ème minute, Libre arbitre</u>

**Paganelli, 2006**

**PARTIE 1 : lignes 1 à 128**

1-A quelle date commence l'histoire ?

## JOUER POUR COMBATTRE, LUTTER

2-Replace le contexte footballistique de l'équipe de France cette année-là.

3-Quel événement sportif a lieu ce jour ?

4-Pourquoi Thuram est-il étonné au moment de faire sa touche à la 75$^{ème}$ minute ?

5-Relève la phrase qui annonce un saut dans le temps.

6-A quelle époque se poursuit le récit ? Où est-on ?

7-Qui sont ces « hommes et femmes apeurés » qui montent dans des camions ?

8-Où vont-ils ?

9-Les Allemands semblent-ils révoltés par la situation ? Quelle est l'ambiance générale ?

10-A quelle occasion cette image apparaît-elle sur les télévisions allemandes ?

11-Que vous inspire cette image ? L'aigle ? La couleur ?

12-Quel événement sportif a lieu ce 4 juillet 1941 ?

13-Quelles sont les 2 équipes qui s'opposent ?

14- Qui est Mathias Sindelar ? Décris son physique et son caractère.

15-Pourquoi fait-on à nouveau un saut dans le passé en 1938 en Autriche ?

16-C'est quoi un « pogrom » ?

17-Explique pourquoi Mathias et Camilla préfèrent « mourir pour rester libre ».

## JOUER POUR COMBATTRE, LUTTER

Mathias Sindelar

**PARTIE 2 : lignes 129 à 265**

18-Retour au 4 juillet 1941 : quel affront ont dû subir les nazis 5 ans plus tôt dans le stade olympique ?

19- Quelle est l'ambiance jusqu'à la ligne 189 ? Comment se sentent les Allemands ? Pourquoi ?

20- « Les 18 mètres viennois ont été occupés…facilement, comme l'Autriche 3 ans plus tôt. » Explique cette figure de style.

21-« Quand l'ogre est repu, le Petit Poucet s'enhardit » : Explique cette figure de style.

22-Que se passe-t-il à la 75ème minute ?

23-Qui est Franz Binder ?

Franz Binder

24-« Un nouveau match a débuté à la 75ème minute ». Explique de quel match il s'agit.

25-« Les Viennois devaient se faire croquer, ce sont eux qui maintenant veulent tout bouffer. » Identifie la figure de style et le champ lexical.

## JOUER POUR COMBATTRE, LUTTER

26-« La surface de réparation qui n'a jamais si bien porté son nom » : explique le double sens.

27-Que symbolise cette victoire pour les Viennois ?

28-Comment expliquerais-tu en quelques mots à Thuram pourquoi la foule se lève et applaudit à la 75ème minute au Prater de Vienne ?

29-Comment l'Histoire fait-elle irruption dans l'histoire ? Comment le jeu passe-t-il au second plan derrière une cause beaucoup plus grande ?

30-Ce récit respecte-t-il bien les 4 caractéristiques principales d'une nouvelle ? Détaille.

31-As-tu aimé cette nouvelle ? Pourquoi ?

## POINT LANGUE

### Vocabulaire
### 12 expressions liées au jeu

| | |
|---|---|
| 1Se jouer de | a : faire preuve de franchise |
| 2Etre vieux jeu | b : agir dangereusement |
| 3Jouer du pipeau | c : laisser faire le hasard |
| 4Voir clair dans le jeu de quelqu'un | d : mentir pour plaire |
| 5Tirer son épingle du jeu | e : ne pas valoir le coup |
| 6Jouer carte sur table | f : avoir quelqu'un par la ruse |
| 7Jouer avec le feu | g : s'épier avant de s'attraper |
| 8Faire le jeu de quelqu'un | h : en mettre plein la vue |
| 9Sortir le grand jeu | i : être démodé, conservateur |
| 10Jouer à pile ou face | j : agir ds l'intérêt de qqn |
| 11Le jeu n'en vaut pas la chandelle | k : savoir ce que qqn a en tête |
| 12Jouer au chat et à la souris | l : s'en sortir bien |

*Relie la bonne lettre à la bonne expression.*

## JOUER POUR COMBATTRE, LUTTER

### POINT EXAM

**Présentation d'un document :**

Il s'agit d'une **nouvelle** écrite par **Paganelli** en **2006** intitulée : **La 75ème minute**. **Elle traite de** l'irruption de l'Histoire dans l'histoire en nous renvoyant au nazisme par le biais d'un match de foot.

- **Genre ; auteur ; date ; titre ; thème**

A ton tour, présente ce document sur le même thème :

(1981) (avec Stallone et Pelé)

## JOUER POUR COMBATTRE, LUTTER

### 1) JESSE OWENS, JO 1936, BERLIN

Cet athlète américain a remporté 4 médailles d'or (100m, 200m, saut en longueur, relais 4x100m), humiliant Hitler qui voulait faire des jeux la vitrine de la suprématie aryenne. (Film La couleur de la victoire sorti en 2016)

### 2) TOMMIE SMITH et JON CARLOS, JO 1968, MEXICO

Ces 2 athlètes américains, médaillés du 200m et partisans du Black Power, lèvent le point et refusent de regarder le drapeau pour marquer leur opposition au régime ségrégationniste des Etats-Unis. Ils sont exclus du village olympique.

- ➢ Laquelle des 2 photos te parle le plus ? Pourquoi ?
- ➢ Que penses-tu du geste de Smith et Carlos ?
- ➢ Est-ce une bonne chose de mêler sport et combat socio-politique ?
- ➢ Approfondissement : la ségrégation

Les Français ont tendance à comparer leur situation à celle des Américains concernant le racisme. Pourtant, les 2 pays ont une histoire bien différente et les 2 situations n'ont rien à voir.

Fais des recherches :

- C'est quoi la ségrégation ?
- Quels sont les 2 pays emblématiques dans lesquels ce régime a été instauré légalement ?
- Quand la ségrégation a-t-elle pris fin dans ces 2 pays ?
- Qui sont Martin Luther King, Malcolm X et Nelson Mandela ?
- C'est quoi le Ku Klux Klan ?
- Donne des exemples de ségrégation dans la vie quotidienne.
- ➢ Conclusion : en quoi le racisme français est-il très différent du racisme américain ?

### 3) Film : Le plus beau des combats (2001, 1h54min)

https://www.youtube.com/watch?v=FHHXYvEryXI&ab_channel=Management%26Cin%C3%A9ma extrait 3min

Histoire vraie : 1971, en Virginie, des étudiants noirs sont intégrés au lycée blanc. Herman Boone, entraîneur noir de football américain, est chargé de créer l'unité entre noirs et blancs au sein de l'équipe des Titans. Malgré l'hostilité ambiante, il transformera un groupe de jeunes haineux en une équipe unie et soudée.

-Que reproche Gerry à Julius ?
-Que reproche Julius à Gerry ?
-Pourquoi Julius dit-il qu'il n'y a pas d'équipe ?
-Quand l'entraînement a-t-il lieu ? Pourquoi d'après toi ? Dans quel but ?
-Contre qui Gerry s'énerve-t-il ? Pourquoi ?
-Pourquoi les entraîneurs sont-ils contents ?
-Gerry et Julius ont-ils évolué ?

## JOUER POUR COMBATTRE, LUTTER

-Explique en quoi cet extrait démontre que le jeu permet de belles avancées sociales et humaines.

**https://www.olympic.org/fr/news/le-combat-d-une-femme-pour-le-droit-de-faire-du-sport**

**Les Jeux Olympiques et le sport sont des plateformes extraordinaires pour défendre l'égalité des sexes et remettre en question certaines "normes" sociales afin de susciter le dialogue et provoquer des changements. Dans cet esprit, le Comité International Olympique (CIO), partenaire d'ONU Femmes, soutient la #JournéedesFemmes en mettant sous le feu des projecteurs des femmes au parcours inspirant dans le sport.**

Après avoir surmonté hostilité et discrimination et être devenue l'une des meilleures joueuses de squash du Pakistan ainsi que membre de la commission du CIO des femmes dans le sport, Maria Toorpakai Wazir revient sur son histoire incroyable.

"Plus jeune, quand je vivais au Pakistan, je voyais les garçons jouer dehors. Ils tapaient dans des ballons et faisaient voler leurs cerfs-volants. Pour jouer et s'amuser, l'espace était illimité pour eux. Mais pour les filles, c'était différent. Nous étions confinées entre nos quatre murs, occupées à prendre soin de notre famille.
La région dont je viens est le fief des Talibans. Les femmes n'y sont pas autorisées à suivre une éducation, ni même à sortir de chez elles. Le sport est tout simplement hors de question. Cependant, j'ai eu de la chance. J'avais un père qui me soutenait et m'a toujours encouragée. Il disait que j'étais unique et différente. À 12 ans, il m'a fait connaître le sport pour me

donner le courage de rendre les coups. J'ai d'abord découvert l'haltérophilie. J'ai concouru aux championnats pakistanais des garçons de moins de 16 ans sous le nom de Genghis Khan et j'ai gagné. Je devenais de plus en plus forte grâce à ce sport et quand j'étais dehors, il y avait souvent des bagarres, ce qui préoccupait mon père.

Un jour, j'ai découvert le squash et j'ai tout de suite adoré ça. J'ai dit à mon père que c'était le sport que je voulais pratiquer. Il m'a dit : "Je suis tellement content. Au lieu de taper sur tout le monde, tu taperas la balle contre le mur !". Quelques mois après avoir commencé à jouer, les gens ont découvert que j'étais une fille et c'est de nouveau devenu très difficile pour moi. J'avais beau gagner au niveau national et international et être désignée comme une étoile montante par la Fédération mondiale de squash, j'étais constamment harcelée - simplement parce que j'étais une fille qui jouait au squash.
L'attention des médias a aussi entraîné des menaces de mort de la part des Talibans à l'encontre de ma famille. Durant trois ans, j'ai dû cesser de pratiquer ce sport en public, je pratiquais contre le mur de ma chambre. J'ai continué à jouer et à m'entraîner, déterminée à m'en sortir. J'ai alors envoyé d'innombrables courriels aux clubs de squash du monde entier. Une réponse m'est enfin parvenue du Canada, où je vis désormais.

Aujourd'hui, j'ai l'impression qu'un miracle s'est réalisé grâce au sport et grâce à mon père qui m'a toujours soutenue. Le sport m'a connectée au reste du monde. Je suis un être meilleur et je pense de manière très différente maintenant. Nous sommes tous plus semblables que nous ne le pensons. Il ne s'agit pas de religion ni d'origine, mais de ce que nous sommes en tant qu'humains. »

- Où Maria a-t-elle grandi ?
- De quelle injustice a-t-elle été victime durant son enfance ? Pourquoi ?
- Comment a-t-elle pu gagner le championnat d'haltérophilie ?
- Pourquoi a-t-elle dû renoncer au squash durant des années ?
- Comment le sport l'a-t-il sauvée ?
- Quelles forces a-t-elle tirées de son expérience ?
- Explique en quoi le sport a été bien plus qu'un jeu dans son cas.
- Vois-tu d'autres domaines dans lesquels les femmes doivent lutter pour gagner le combat de l'égalité avec les hommes ?
- Rédige l'intro du sujet suivant : le sport permet-il de s'émanciper ?

## JOUER POUR COMBATTRE, LUTTER

### POINT EXAM

### INTRODUCTION

L'intro d'une argumentation se compose de 3 parties :
-l'**accroche** = phrase pour annoncer le thème, dire de quoi en va parler
-la **problématique** = question qu'on va se poser sur le thème
-l'**annonce du plan** du développement en 2 parties

Ex :

1) Jeux télé, jeux de société, jeux sportifs, jeux vidéo…Les jeux sont partout ! (= accroche)
2) Mais servent-ils à quelque chose ou sont-ils inutiles ? (= problématique)
3) Nous verrons tout d'abord que l'être humain joue dès sa plus tendre enfance et tout au long de sa vie.
   Puis, nous analyserons ce que le fait de jouer peut bien nous apporter. (= annonce du plan)

**A noter : pour l'accroche, une accumulation est une bonne idée si vous ne savez pas comment commencer. Cela marche à tous les coups !**

### POINT LANGUE

### CHAMP LEXICAL/FAMILLE DE MOTS

**Un champ lexical** est un ensemble de mots se rapportant à un même thème : ex : le champ lexical de l'amour est : cœur, aimer, tendresse, partager, sentiment… ; jouer, ludique, plaisir, amusement, se divertir…appartiennent au champ lexical du jeu.

**Il ne faut pas confondre champ lexical et famille de mots.**

**Une famille de mots** se compose de mots ayant un même radical, une même racine : ex : amour, amoureux, amoureusement, aimer, amourette, s'amouracher… ; jeu, joueur, jouer, déjouer, rejouer…

## LES FAKE NEWS

C'est hélas un nouveau passe-temps très en vogue ; certains jouent et abusent de notre crédulité pour nous faire croire n'importe quoi. Internet est devenu un véritable terrain de jeux pour ces tricheurs, manipulateurs, agitateurs de foules. Comment les combattre ?

**https://www.youtube.com/watch?v=FB6lLbOqJf8&ab_channel=FranceInter 2,42min**

**https://www.youtube.com/watch?v=4P1fefPQCVQ&ab_channel=L%27actuenclasse 1,56min**

-Faire visionner ces 2 liens puis demander ce qu'ils ont compris, retenu.
-Pousser plus loin la réflexion :
Que cherchent ceux qui lancent des fake-news ? Qui peut être à l'origine de l'infox de la 2ème vidéo ? Que faire pour reconnaître des fake news ? Peut-on les combattre ?
-Cas concret : soit distribuer plusieurs nouvelles et leur demander de repérer les fake news ; soit créer et lancer une infox tous ensemble.

## JOUER POUR COMBATTRE, LUTTER

**FAKE NEWS**
C'est quoi ?

**DEFINITION :**
Fausse info volontairement divulguée et propagée

**BUT :**
Susciter l'émotion, la colère, l'indignation envers une personne, une institution, un groupe cible

**TECHNIQUES :**
Mensonge
Images détournées

**MODE OPERATOIRE :**
-Attirer l'attention en jouant sur émotions (images ou titres chocs)
-Citer de faux experts, de faux chiffres
-Crier au complot
-Propager au maximum et rapidement

**CONSEQUENCES :**
-agitation sociale, mouvements sociaux, désordre
-division du peuple, violences, haine
-mort (Samuel Paty 16/10/2020)

Ainsi, les diffuseurs de fake news tentent de se jouer de nous. Pour ne pas entrer dans leur jeu aveuglément, à nous de jouer aux détectives donc pour vérifier les infos et ne pas colporter des mensonges qui peuvent avoir des conséquences dramatiques.

## JOUER POUR COMBATTRE, LUTTER

**FAKE NEWS :**

**COMMENT LUTTER ?**

1-Observer :
Souvent sur les images, on trouve des incohérences :
Date qui cloche, mauvais endroit…

2-Vérifier la source :
Qui est l'auteur ? Appartient-il à un groupe ?

3-Vérifier l'info :
Est-elle relayée ailleurs ? Par qui ? Ces sources sont-elles sérieuses ?

4-Comprendre l'enjeu :
Que recherche l'auteur ? Quelle est sa motivation ? (au contraire des journalistes dont la seule motivation est d'informer)

5-Etudier le ton :
L'auteur en rajoute-t-il pour faire le buzz ? Est-il neutre ou prend-il clairement parti ?

6-Ne pas partager bêtement ni liker :
surtout si on t'y incite : c'est louche !

# SEQUENCE 3
# JOUER
# POUR
# S'AMUSER
# (SEDUIRE)

| | | |
|---|---|---|
| SEANCE1 | -Slam et poésie : Poker, Grand corps malade | 1h |
| SEANCE2 | -Slam et poésie : Cœur de rubis, Prévert<br>-point langue : la poésie | 1h |
| SEANCE3 | -théâtre : Marivaux : Le jeu de l'amour et du hasard | 2h |
| SEANCE4 | -théâtre : Molière : Dom Juan Extrait1 | 1h |
| SEANCE5 | -théâtre : Molière : Dom Juan Extrait2<br>-point langue : libertinage<br>-point exam : éloquence | 2h |
| SEANCE6 | -théâtre : Molière : Dom Juan Extrait3<br>-point langue : théâtre | 2h |

## JOUER POUR S'AMUSER

## SLAM ET POESIE

# Poker

Grand Corps Malade

Madame Rouge a eu un bon feeling quand il lui a offert ce verre
Il avait l'air entreprenant, elle a choisi de le laisser faire
Monsieur Bleu a eu du désir, quand elle a trinqué en souriant
Et il la sent complice ça ne lui arrive pas si souvent
Le trouble est réciproque, leur premier verre est déjà vide
Naturellement, leur corps s'approchent, ils ne sont plus timides
Ils partageront les prochaines heures et les **pulsions en avalanche**
Madame Rouge et monsieur Bleu se souviendront de cette nuit blanche
Mais les jours s'enchaînent avec le doute comme emblème
Ils ont envie de se revoir et c'est peut-être ça leur problème
Ils ne savent pas sur quoi miser se dévoiler paraît dangereux
Ils commencent une étrange partie de poker amoureux

RIMES ?

FIGURES DE STYLE ?

CHAMPS LEXICAUX ?

**Qui** s'est déjà perdu dans le poker des sentiments?
**Qui** se sentira courageux? Qui pourra **dévoiler son jeu**?
**Qui** s'est déjà perdu dans le poker des sentiments?
**Qui** s'effacera et qui voudra miser? Qui mentira le premier?

**Monsieur Bleu pense qu'il faut qu'elle pense qu'il ne pense pas trop à elle**
**Madame Rouge croit qu'il croit qu'elle se croit un peu trop belle**
**Monsieur Bleu a senti qu'elle sentait qu'il se sentait trop bien**
**Madame Rouge a voulu qu'il la veuille mais sans vouloir aller trop loin**
Mais de quoi ont-ils peur dès qu'il faut regarder devant eux?
La rencontre est si claire et le **futur si venteux**
Est-ce qu'il leur faut **cacher leur jeu ou mettre cartes sur table**?
Doivent-ils bluffer leurs sentiments pour se sentir moins vulnérables?

Doivent-ils miser le minimum pour se protéger?
Ou prendre ces risques pour pousser l'autre à s'engager?
Les non-dits les faux-semblants remplissent la partie de contraintes
Le naturel s'est égaré **leur amour est un labyrinthe**

Qui s'est déjà perdu dans le poker des sentiments?
Qui se sentira courageux? Qui pourra dévoiler son jeu?
Qui s'est déjà perdu dans le poker des sentiments?
Qui s'effacera et qui voudra miser? Qui mentira le premier?

Quand il ne restera qu'une seule carte à retourner
Sera-t-il en toujours temps de nous dévoiler?
Pour nous raccorder nos couleurs y aura t-il assez de place?
**Derrière les carreaux dans nos cœurs je crois encore au carré d'as**

Depuis le lendemain de leur rencontre ils marchent sur des œufs
Ils découvrent progressivement les règles de leur propre jeu
Mais ce soir monsieur Bleu et madame Rouge ferment les volets
Pour une fois sans se poser de question ils repeignent la nuit en violet

- Phrasé : entraîne-toi à réciter un paragraphe en respectant le phrasé, le débit, l'intonation

# JOUER POUR S'AMUSER

## Coeur de rubis.

*Je sais dire je t'aime*
*Mais j'sais pas aimer*
*Ton cœur de rubis*
*Qu'est-ce que j'en ai fait ?*

*J'ai joué à l'amour*
*J'savais même pas jouer*
*Ton cœur de rubis*
*Qu'est-ce que j'en ai fait ?*

***La vitre est brisée***
***L'magasin fermé***
***L'satin déchiré***
***L'écrin piétiné***

*Je voulais t'avoir*
*J'voulais t'posséder*
*Je jouais à l'amour*
*J'ai seul'ment triché*

*Ton cœur de rubis*
*Qu'est-ce que j'en ai fait ?*
*Maintenant c'est trop tard*
*J'ai tout saccagé*

*Ton cœur de rubis*
*J'peux même pas le fourguer*
*Y a pas d'recéleur*
*Pour l'amour volé.*
***Jacques Prévert**. 1966*

Imagine ce qu'a bien pu faire l'homme…

Décris les émotions qu'il peut ressentir.
Et la femme, que ressent-elle ?

Récite ce texte à voix haute en slamant

1) Champ lexical de ?
2) Entoure le champ lexical du jeu
3) « cœur de rubis » : Quelle est cette figure de style ? Explique.
4) **Explique toutes ces métaphores**
5) « brisé, déchiré, piétiné, saccagé » : quel est ce champ lexical ?
6) Identifie le champ lexical de la dernière strophe.

# JOUER POUR S'AMUSER

## POINT LANGUE

## LA POESIE

Est un grand genre littéraire comme le roman ou le théâtre.

Une poésie comprend des **strophes** (paragraphes), elles-mêmes composées de **vers** (lignes) comptant des **pieds** (syllabes).

Il existe 3 types de rimes :

-AABB= **rimes plates ou suivies**

-ABAB= **rimes croisées**

-ABBA= **rimes embrassées**

## THEÂTRE

## Marivaux, Le jeu de l'amour et du hasard, 1730

Deux pères de bonnes familles ont arrangé le mariage de leur fille et fils respectifs qui ne se connaissent pas. Mais Silvia et Dorante, les deux intéressés, veulent faire un mariage d'amour et décident, chacun de leur côté, de se faire passer pour leurs domestiques afin de pouvoir se découvrir sans pression. Ils espèrent ainsi voir si la magie opère et s'ils se plaisent malgré tout. Ils jouent donc le rôle de Lisette et Bourguignon, leurs servants.

- Etude de la scène 7, acte 1.
  (Silvia et Dorante dans la peau de domestiques).

  -Du début jusqu'à « Quelle espèce de suivante es-tu donc avec ton air de princesse ? » : diviser la classe en 3 et faire traduire à un groupe en langage courant, un autre en langage familier et un autre en langage soutenu.

# JOUER POUR S'AMUSER

Faire lire les différentes versions à l'oral et voir les différences de sens.

-Puis, distribuer les répliques jusqu'à « on est quelquefois fille de condition sans le savoir » dans le désordre et les faire remettre en ordre d'après le sens.
Les 2 jeunes gens ont-ils l'air de se plaire ? Explique.
Quel est le problème alors ?
Penses-tu que l'argent doit entrer en ligne de compte en amour ?
Quelles sont les qualités qui te paraissent importantes chez ta future moitié ?

-Enfin, lire jusqu'à « Tu as raison, notre aventure est unique. »

-Imagine comment va se terminer cette histoire dans un texte de 10l minimum.

## THEÂTRE

## Molière, Dom Juan, 1682

- Etude du dialogue de la scène 1, acte 1

SGANARELLE : Reprenons un peu notre discours. Si bien donc, cher Gusman, que Done Elvire, ta maîtresse, surprise de notre départ, s'est mise en campagne après nous, et son cœur, que mon maître a su toucher trop fortement, n'a pu vivre, dis-tu, sans le venir chercher ici. Veux-tu qu'entre nous je te dise ma pensée? J'ai peur qu'elle ne soit mal payée de son amour, que son voyage en cette ville produise peu de fruit, et que vous eussiez autant gagné à ne bouger de là.
GUSMAN: Et la raison encore? Dis-moi, je te prie, Sganarelle, qui peut t'inspirer une peur d'un si mauvais augure? Ton maître t'a-t-il ouvert son cœur là-dessus, et t'a-t-il dit qu'il eût pour nous quelque froideur qui l'ait obligé à partir?
SGANARELLE: Non pas; mais, à vue de pays, je connais à peu près le train des choses; et sans qu'il m'ait encore rien dit, je gagerais presque que l'affaire va là. Je pourrais peut-être me tromper; mais enfin, sur de tels sujets, l'expérience m'a pu donner quelques lumières.
GUSMAN: Quoi? ce départ si peu prévu serait une infidélité de Dom Juan? Il pourrait faire cette injure aux chastes feux de Done Elvire?
SGANARELLE: Non, c'est qu'il est jeune encore, et qu'il n'a pas le courage.

## JOUER POUR S'AMUSER

GUSMAN: Un homme de sa qualité ferait une action si lâche?
SGANARELLE: Eh oui, sa qualité! La raison en est belle, et c'est par là qu'il s'empêcherait des choses.
GUSMAN: Mais les saints nœuds du mariage le tiennent engagé.
SGANARELLE: Eh! mon pauvre Gusman, mon ami, tu ne sais pas encore, crois-moi, quel homme est Dom Juan.
GUSMAN: Je ne sais pas, de vrai, quel homme il peut être, s'il faut qu'il nous ait fait cette perfidie; et je ne comprends point comme après tant d'amour et tant d'impatience témoignée, tant d'hommages pressants, de vœux, de soupirs et de larmes, tant de lettres passionnées, de protestations ardentes et de serments réitérés, tant de transports enfin et tant d'emportements qu'il a fait paraître, jusqu'à forcer, dans sa passion, l'obstacle sacré d'un couvent, pour mettre Done Elvire en sa puissance, je ne comprends pas, dis-je, comme, après tout cela, il aurait le cœur de pouvoir manquer à sa parole.
SGANARELLE: Je n'ai pas grande peine à le comprendre, moi; et si tu connaissais le pèlerin, tu trouverais la chose assez facile pour lui. Je ne dis pas qu'il ait changé de sentiments pour Done Elvire, je n'en ai point de certitude encore: tu sais que, par son ordre, je partis avant lui, et depuis son arrivée il ne m'a point entretenu; mais, par précaution, je t'apprends, inter nos, que tu vois en Dom Juan, mon maître, le plus grand scélérat que la terre ait jamais porté, un enragé, un chien, un diable, un Turc, un hérétique, qui ne croit ni Ciel, ni Enfer, ni loup-garou, qui passe cette vie en véritable bête brute, en pourceau d'Epicure, en vrai Sardanapale, qui ferme l'oreille à toutes les remontrances qu'on lui peut faire, et traite de billevesées tout ce que nous croyons. Tu me dis qu'il a épousé ta maîtresse: crois qu'il aurait plus fait pour sa passion, et qu'avec elle il aurait encore épousé toi, son chien et son chat. Un mariage ne lui coûte rien à contracter; il ne se sert point d'autres pièges pour attraper les belles, et c'est un épouseur à toutes mains. Dame, demoiselle, bourgeoise, paysanne, il ne trouve rien de trop chaud ni de trop froid pour lui; et si je te disais le nom de toutes celles qu'il a épousées en divers lieux, ce serait un chapitre à durer jusques au soir. Tu demeures surpris et changes de couleur à ce discours; ce n'est là qu'une ébauche du personnage, et pour en achever le portrait, il faudrait bien d'autres coups de pinceau. Suffit qu'il faut que le courroux du Ciel l'accable quelque jour; qu'il me vaudrait bien mieux d'être au diable que d'être à lui, et qu'il me fait voir tant d'horreurs, que je souhaiterais qu'il fût déjà je ne sais où. Mais un grand seigneur méchant homme est une terrible chose; il faut que je lui sois fidèle, en dépit que j'en aie: la crainte en moi fait l'office du zèle, bride mes sentiments, et me réduit d'applaudir bien souvent à ce que mon âme

déteste. Le voilà qui vient se promener dans ce palais: séparons-nous. Écoute au moins: je t'ai fait cette confidence avec franchise, et cela m'est sorti un peu bien vite de la bouche; mais s'il fallait qu'il en vînt quelque chose à ses oreilles, je dirais hautement que tu aurais menti.

- Résume en 3 ou 4 lignes ce que tu comprends de la situation.
- Ce dialogue dresse un portrait de Dom Juan.
  - Relève les termes employés par Sganarelle pour qualifier son maître.
  - Souligne toutes les accumulations. Pourquoi avoir recours à ce procédé ?
  - Entoure les passages qui prouvent que DJ est prêt à tout pour satisfaire ses désirs.
  - Sganarelle approuve-t-il le comportement de Dom Juan ? Quelles sont ses valeurs ?
  - Quelle image pouvons-nous avoir de DJ après un tel portrait ? Pouvons-nous pour autant porter un jugement sur DJ ? Pourquoi ?
  - T'es-tu déjà trompé en jugeant une personne ou une situation uniquement par rapport au qu'en dira-t-on (presse, réseaux sociaux, rumeur…) ? En as-tu tiré une leçon ?

- Etude de la tirade de la scène 2, acte 1

DOM JUAN :

Quoi ? Tu veux qu'on se lie à demeurer au premier objet qui nous prend, qu'on renonce au monde pour lui, et qu'on n'ait plus d'yeux pour personne La belle chose de vouloir se piquer d'un faux honneur d'être fidèle, de s'ensevelir pour toujours dans une passion, et d'être mort dès sa jeunesse à toutes les autres beautés qui nous peuvent frapper les yeux! Non, non : la constance n'est bonne que pour des ridicules ; toutes les belles ont droit de nous charmer, et l'avantage d'être rencontrée la première ne doit point dérober aux autres les justes prétentions qu'elles ont toutes sur nos cours. Pour moi, la beauté me ravit partout où je la trouve, et je cède facilement à cette douce violence dont elle nous entraîne. J'ai beau être engagé, l'amour que j'ai pour une belle n'engage point mon âme à faire injustice aux autres ; je conserve des yeux pour voir le mérite de toutes, et rends à chacune les hommages et les tributs où la nature nous oblige. Quoi qu'il en soit, je ne puis refuser mon cœur à tout ce que je vois d'aimable ; et dès qu'un beau visage me le demande, si j'en avais dix mille, je les donnerais tous. Les inclinations naissantes, après tout, ont des charmes inexplicables, et tout le plaisir de l'amour est dans le changement. On goûte une douceur extrême à réduire, par cent hommages, le cœur d'une jeune beauté, à voir de jour en jour les petits progrès qu'on y fait, à combattre par des transports, par des larmes et des soupirs, l'innocente pudeur d'une âme qui a peine à rendre les armes, à forcer pied à pied toutes les petites résistances qu'elle nous oppose, à vaincre les scrupules dont elle se fait un honneur et la mener doucement où nous avons envie de la faire venir. Mais lorsqu'on en est maître une fois, il n'y a plus rien à dire ni rien à souhaiter ; tout le beau de la passion est fini, et nous nous endormons dans la tranquillité d'un tel amour, si quelque objet nouveau ne vient réveiller nos désirs, et présenter à notre cœur les charmes attrayants d'une conquête à faire. Enfin il n'est rien de si doux que de triompher de la résistance d'une belle personne, et j'ai sur ce sujet l'ambition des conquérants, qui volent perpétuellement de victoire en victoire, et ne peuvent se résoudre à borner leurs souhaits. Il n'est rien qui puisse arrêter l'impétuosité de mes désirs : je me sens un cœur à aimer toute la terre ; et comme Alexandre, je souhaiterais qu'il y eût d'autres mondes, pour y pouvoir étendre mes conquêtes amoureuses.

- Cette tirade illustre l'éloquence de Dom Juan :
  - Comment ses 2 premiers mots attirent-ils l'attention ?
  - Quel argument avance-t-il pour quasiment faire passer son libertinage pour un acte de bonté ?
    Arrête-toi sur les mots : « le belles ont droit de », « les justes prétentions » et « faire injustice ».
  - Comment fait-il passer son opinion personnelle pour une vérité générale ? Pourquoi d'après toi ?
  - Dans la première phrase, DJ pose 3 questions à la suite : comment s'appelle cette figure de style ? Quel est l'effet produit ?
  - « De s'ensevelir pour toujours dans une passion, et d'être mort dès sa jeunesse ». Analyse ces paroles.
  - « Combattre, rendre les armes, forcer, résistance, oppose, vaincre, triompher, conquérants » : quel champ lexical reconnais-tu ? Cela te paraît-il normal dans le domaine de l'amour ?
  - Identifie les 2 figures de style des 3 dernières lignes. Explique.
  - « Tout le plaisir de l'amour est dans le changement. » « Lorsqu'on en est maître une fois, il n'y a plus rien à dire ni rien à souhaiter. » Es-tu d'accord ? Pourquoi ?
  - Malgré ses propos, quelles qualités peut-on accorder à DJ d'après cet extrait ?

# JOUER POUR S'AMUSER

## POINT LANGUE

### LE LIBERTINAGE :

Le terme apparaît en France au début du 17$^{ème}$ siècle.

Du latin « libertinus » = esclave qui vient d'être libéré ; affranchi ; qui remet en cause l'ordre établi donc ; libre penseur qui ne s'embarrasse pas de la religion. Par extension au 18$^{ème}$ siècle, personne dont la liberté dépasse les conventions morales et sociales, y compris d'un point de vue sexuel : un libertin recherche le plaisir charnel, il agit à l'instinct sans se soucier de la morale… Aujourd'hui, un libertin est plus ou moins synonyme de débauché.

## POINT EXAM

### L'ELOQUENCE

**L'éloquence est le « bagou », l'art de convaincre, d'émouvoir.**

Elle repose sur différentes techniques **:**

**Procédés d'insistance** :

Champ lexicaux, répétitions, anaphores,

**Procédés d'implication** :

Apostrophes, emploi de « je », questions, injonctions

**Procédés émotionnels** :

Exclamations, figures de style

**Procédés de preuves** :

Faits concrets, chiffres, exemples

## JOUER POUR S'AMUSER

- Etude scène 2, acte 2

**DOM JUAN.-** Ah ! la belle personne, et que ses yeux sont pénétrants ?
**CHARLOTTE.-** Monsieur, vous me rendez toute honteuse.
**DOM JUAN.-** Ah, n'ayez point de honte d'entendre dire vos vérités. Sganarelle, qu'en dis-tu ? Peut-on rien voir de plus agréable ? Tournez-vous un peu, s'il vous plaît, ah que cette taille est jolie ! Haussez un peu la tête, de grâce, ah que ce visage est mignon ! Ouvrez vos yeux entièrement, ah qu'ils sont beaux ! Que je voie un peu vos dents, je vous prie, ah qu'elles sont amoureuses ! et ces lèvres appétissantes. Pour moi, je suis ravi, et je n'ai jamais vu une si charmante personne.
**CHARLOTTE.-** Monsieur, cela vous plaît à dire, et je ne sais pas si c'est pour vous railler de moi.
**DOM JUAN.-** Moi, me railler de vous ? Dieu m'en garde, je vous aime trop pour cela, et c'est du fond du cœur que je vous parle.
**CHARLOTTE.-** Je vous suis bien obligée, si ça est.
**DOM JUAN.-** Point du tout, vous ne m'êtes point obligée de tout ce que je dis, et ce n'est qu'à votre beauté que vous en êtes redevable.
**CHARLOTTE.-** Monsieur, tout ça est trop bien dit pour moi, et je n'ai pas d'esprit pour vous répondre.
**DOM JUAN.-** Sganarelle, regarde un peu ses mains.
**CHARLOTTE.-** Fi, Monsieur, elles sont noires comme je ne sais quoi.
**DOM JUAN.-** Ha que dites-vous là, elles sont les plus belles du monde, souffrez que je les baise, je vous prie.
**CHARLOTTE.-** Monsieur, c'est trop d'honneur que vous me faites, et si j'avais su ça tantôt, je n'aurais pas manqué de les laver avec du son.
**DOM JUAN.-** Et dites-moi un peu, belle Charlotte, vous n'êtes pas mariée sans doute ?
**CHARLOTTE.-** Non, Monsieur, mais je dois bientôt l'être avec Piarrot, le fils de la voisine Simonette.
**DOM JUAN.-** Quoi ? une personne comme vous serait la femme d'un simple paysan ? Non, non, c'est profaner tant de beautés, et vous n'êtes pas née pour demeurer dans un village, vous méritez sans doute une meilleure fortune, et le Ciel qui le connaît bien, m'a conduit ici tout exprès pour empêcher ce mariage, et rendre justice à vos charmes : car enfin, belle Charlotte, je vous aime de tout mon cœur, et il ne tiendra qu'à vous que je vous arrache de ce misérable lieu, et ne vous mette dans l'état où

vous méritez d'être, cet amour est bien prompt sans doute ; mais quoi, c'est un effet, Charlotte, de votre grande beauté, et l'on vous aime autant en un quart d'heure, qu'on ferait une autre en six mois.

**CHARLOTTE.-** Aussi vrai, Monsieur, je ne sais comment faire quand vous parlez, ce que vous dites me fait aise, et j'aurais toutes les envies du monde de vous croire, mais on m'a toujou dit, qu'il ne faut jamais croire les Monsieux, et que vous autres courtisans êtes des enjoleus, qui ne songez qu'à abuser les filles.

**DOM JUAN.-** Je ne suis pas de ces gens-là.

**SGANARELLE.-** Il n'a garde.

**CHARLOTTE.-** Voyez-vous, Monsieur, il n'y a pas plaisir à se laisser abuser, je suis une pauvre paysanne, mais j'ai l'honneur en recommandation, et j'aimerais mieux me voir morte que de me voir déshonorée.

**DOM JUAN.-** Moi, j'aurais l'âme assez méchante pour abuser une personne comme vous, je serais assez lâche pour vous déshonorer ? Non, non, j'ai trop de conscience pour cela, je vous aime, Charlotte, en tout bien et en tout honneur, et pour vous montrer que je vous dis vrai, sachez que je n'ai point d'autre dessein que de vous épouser, en voulez-vous un plus grand témoignage, m'y voilà prêt quand vous voudrez, et je prends à témoin l'homme que voilà de la parole que je vous donne.

**SGANARELLE.-** Non, non, ne craignez point, il se mariera avec vous tant que vous voudrez.

**DOM JUAN.-** Ah, Charlotte, je vois bien que vous ne me connaissez pas encore, vous me faites grand tort de juger de moi par les autres, et s'il y a des fourbes dans le monde, des gens qui ne cherchent qu'à abuser des filles, vous devez me tirer du nombre, et ne pas mettre en doute la sincérité de ma foi, et puis votre beauté vous assure de tout. Quand on est faite comme vous, on doit être à couvert de toutes ces sortes de crainte, vous n'avez point l'air, croyez-moi, d'une personne qu'on abuse, et pour moi, je l'avoue, je me percerais le cœur de mille coups, si j'avais eu la moindre pensée de vous trahir.

**CHARLOTTE.-** Mon Dieu, je ne sais si vous dites vrai ou non, mais vous faites que l'on vous croit.

**DOM JUAN.-** Lorsque vous me croirez, vous me rendrez justice assurément, et je vous réitère encore la promesse que je vous ai

## JOUER POUR S'AMUSER

faite, ne l'acceptez-vous pas ? et ne voulez-vous pas consentir à être ma femme ?

**CHARLOTTE.-** Oui, pourvu que ma tante le veuille.

**DOM JUAN.-** Touchez donc là, Charlotte, puisque vous le voulez bien de votre part.

**CHARLOTTE.-** Mais au moins, Monsieur, ne m'allez pas tromper, je vous prie, il y aurait de la conscience à vous , et vous voyez comme j'y vais à la bonne foi.

**DOM JUAN.-** Comment, il semble que vous doutiez encore de ma sincérité ? Voulez-vous que je fasse des serments épouvantables ? Que le Ciel...

**CHARLOTTE.-** Mon Dieu, ne jurez point, je vous crois.

**DOM JUAN.-** Donnez-moi donc un petit baiser pour gage de votre parole.

**CHARLOTTE.-** Oh, Monsieur, attendez que je soyons mariés, je vous prie, après ça, je vous baiserai tant que vous voudrez.

**DOM JUAN.-** Eh bien, belle Charlotte, je veux tout ce que vous voulez, abandonnez-moi seulement votre main, et souffrez que par mille baisers je lui exprime le ravissement où je suis...

- Analyse dans l'ordre les techniques « de drague » de DJ.
- Que penses-tu du fait qu'il détaille Charlotte de la tête aux pieds au début ?
- Décris le caractère de Charlotte : quel genre de personne semble-t-elle être ?
- Et DJ, que nous apprend ce passage sur sa mentalité ?
- Peut-on maintenant plus précisément se faire un avis sur le personnage ? Quels défauts se révèlent ici ?
- A ton tour, tu veux jouer au Dom Juan sur un site de rencontres en ligne. Imagine le dialogue que tu pourrais avoir avec une jeune-fille/un jeune-homme qui ne te voit pas et à qui tu pourrais mentir sans vergogne...

# JOUER POUR S'AMUSER

## POINT LANGUE

## THEATRE

Une pièce de théâtre se décompose en **actes** eux-mêmes composés de **scènes**.

Les indications du jeu scénique (souvent en italique) s'appellent des **didascalies**.

Les personnages peuvent échanger à deux, c'est un **dialogue**.

Un personnage peut se parler à lui-même (et au public !), c'est un **monologue**.

Dans un échange, si un personnage fait un long discours, c'est une **tirade**.

Au théâtre, on parle de « **catharsis** », du grec « nettoyage, purification » pour dire que l'acteur se lâche, se libère, expulse son trop plein d'émotion sur scène. De même, le spectateur expérimente aussi ce phénomène de catharsis en partageant ces mêmes émotions.

# SEQUENCE 4

# JOUER

# POUR

# SE DEPASSER

# SE CONFRONTER

| | | |
|---|---|---|
| SEANCE1 | Numérique :<br>Rallye internet<br>sur les JO | 1h30 |
| SEANCE2 | -Slam :<br>Battle<br>-Point exam : le<br>ton | 2h |
| SEANCE3 | Presse :<br>Se faire peur | 2h |

# JOUER POUR SE DEPASSER/SE CONFRONTER

# RALLYE INTERNET LES JEUX OLYMPIQUES

PARIS 2024

Un rallye est un jeu de compétition où les équipes s'affrontent avec pour objectif de terminer le plus vite possible.
Ici, constituer des binômes (puisque c'est compliqué de mettre plus de personnes devant un ordinateur) et distribuer les étapes du rallye une par une, après avoir validé l'étape précédente.
A la fin, le binôme le plus rapide gagne une petite récompense.

## 1) ORIGINE

https://www.olympic.org/fr/faq/histoire-et-origine-des-jeux/quelle-est-l-origine-des-jeux-olympiques#:~ text=L'histoire%20des%20Jeux%20remonte,y%20a%20environ%203000%20ans.&text=En%201894%2C%20Pierre%20de%20Coubertin,'%C3%A8re%20moderne%2C%20%C3%A0%20Ath%C3%A8nes.

| HISTOIRE DES JO | VRAI | FAUX | CORRECTION |
|---|---|---|---|
| 1-Origine : Grèce, il y a 1000 ans à Olympie. | | | |
| 2-Origine du nom : unité de mesure du temps à l'époque = « olympiade » = 4 ans | | | |
| 3-C'est Pierre de Coubertin qui remet les JO à l'ordre du jour en 1974. | | | |
| 4-Les 1ers JO modernes se déroulent en 1896 à Athènes. | | | |
| 5-Les JO antiques étaient célébrés en l'honneur de Zeus. | | | |
| 6-3 rois signèrent la trêve olympique (= arrêt des combats) en -900 av. J.C | | | |
| 7-Programme des jeux de l'Antiquité : foot, course à pied, lutte, boxe, concours hippiques, pentathlon. | | | |
| 8-Les JO furent abolis en 393 après J.C quand Rome conquit la Grèce. | | | |

## JOUER POUR SE DEPASSER/SE CONFRONTER

### 2) UN ETAT D'ESPRIT

https://volunteers4sport.fr/2019/09/17/histoire-des-jeux-olympiques/

https://www.youtube.com/watch?v=VNCKGigLmyc&ab_channel=1jour%2C1question (1,42min)

9- Dans quel but Coubertin réinstaure-t-il les JO ?

10- Quelle est sa devise ?

11- Pourquoi les JO sont-ils un « enjeu » pour le pays d'accueil ?

12- Où les JO d'été de 2024 auront-ils lieu ?

13- Combien de bénévoles seront nécessaires à l'organisation de cet événement ?

### 3) PARITE

https://www.paris2024.org/fr/parite/

Barre les informations erronées :

Les 1ères épreuves auxquelles elles ont le droit de participer sont : le tennis, le golf, la voile, le croquet et l'équitation.

Il n'y avait pas de femmes aux JO de Paris en 1900.

Aux JO 2024, il y aura presque autant d'athlètes femmes que hommes (10 500 athlètes en tout).

Nadia Comaneci est une gymnaste italienne de 20 ans qui a obtenu la note parfaite de 10/10 plusieurs fois aux JO de Montréal en 1976.

Kathrine Switzer s'est fait recaler du marathon en 1967 car c'était une femme. Elle n'a pas pu courir.

# JOUER POUR SE DEPASSER/SE CONFRONTER

## 4) NEUTRALITE

https://www.youtube.com/watch?v=9Ib6Ijizr7w&ab_channel=aleph99

https://www.youtube.com/watch?v=IbQSyuHxLck&ab_channel=Francetvsport

https://www.20minutes.fr/sport/2968555-20210203-pekin-2022-ouighours-droits-humains-associations-appellent-boycott-jeux-hiver-chine

Résume l'anecdote des 2 athlètes noirs à Mexico en 1968 :

Les JO respectent-ils toujours la neutralité politique ? Explique :

## JOUER POUR SE DEPASSER/SE CONFRONTER

## BATTLE DE SLAM

**Eminem**

Défi : écris au moins 15 lignes + 1 refrain sur le thème du jeu pour se dépasser dans la vie.
Tu dois obligatoirement placer des **noms de jeux** dans ton slam et t'entraîner à le dire à l'oral. Tout doit **rimer**.
Tu passeras en **duel** devant la classe sur ce fond de musique rap : https://www.youtube.com/watch?v=vjWwR5FGj1k&ab_channel=AnabolicBeatz Tes camarades voteront pour le meilleur. Les gagnants s'affronteront une 2ème fois et devront tout miser sur le **jeu de scène, l'interprétation, les émotions** pour remporter la victoire. A la fin, il n'en restera qu'un avec une petite récompense à la clé 😉
*Variante : vous pouvez concourir en binômes ou groupes de 4 maximum. Dans ce cas, c'est 30 lignes minimum + 1 refrain et vous devez vous partager le temps de parole équitablement.*
Ex :
Sur le plateau de la vie
On est que des pions
Mais c'est toi qui choisis
D'être le roi ou un bouffon ! = refrain

1Quand je suis né
2Comme au début d'un match de handball
3J'étais affamé
4J'avais la dalle

5J'ai bâti des tours de lego
6Mais comme au Monopoly
7Tu peux tout perdre c'est chaud
8On est dans le jeu des chaises musicales
9Du jour au lendemain on te recale
10Si t'as pas la chance d'avoir un père docker
11T'as intérêt de savoir jouer au poker

## JOUER POUR SE DEPASSER/SE CONFRONTER

12Finies les parties de gendarmes et voleurs
13Dans la rue ça se bastonne à coups de taser

Sur le plateau de la vie
On est que des pions
Mais c'est toi qui choisis
D'être le roi ou un bouffon !

14Ne lâche rien, bats-toi
15Si tu veux finir sur les poteaux à Koh Lanta
16On n'est pas dans un monde de bisounours
17Mais en le voulant, tu peux décrocher la Grande Ourse

### POINT EXAM

### LE TON

Même s'il est neutre, chaque texte possède un ton qui sert à transmettre une émotion : joie, tristesse, révolte, peur... Il est révélateur du point de vue de l'auteur, de sa position.

Voici les principaux tons :

| | |
|---|---|
| HUMORISTIQUE | Pour faire rire ou sourire. |
| TRAGIQUE | Pour exprimer le pessimisme, la voie sans issu, la fatalité. |
| PATHETIQUE | Pour déclencher l'attendrissement, la compassion, voire la pitié |
| LYRIQUE | Pour exprimer des sentiments intimes communs à tous les hommes (je, tu, vous) |
| IRONIQUE | Pour se moquer en disant le contraire de ce qu'on pense. |
| POLEMIQUE | Pour susciter l'indignation, la colère, le débat.<br>Propos véhéments, agressifs, orientés pour critiquer. |

# JOUER POUR SE DEPASSER/SE CONFRONTER
## EN SE FAISANT PEUR

DOC 1 :
https://www.1jour1actu.com/monde/violence-les-bandes-de-jeunes-ont-toujours-existe

Violence : « Les bandes de jeunes ont toujours existé » Interview | Monde | 3 mars 2021 par Catherine Ganet
Pourquoi en parle-t-on ? Lundi, Emmanuel Macron a annoncé des mesures pour tenter de remédier à la violence entre bandes. Notamment en favorisant l'accès au travail des jeunes de quartiers défavorisés. En moins d'une semaine, trois adolescents sont morts lors d'affrontements entre bandes. Ce phénomène est-il nouveau ? Les jeunes sont-ils plus violents qu'avant ? À Bondy, une commune du département de Seine-Saint-Denis, des fleurs et des mots ont été déposés près de l'endroit où Aymen, 15 ans, a été tué par balle vendredi dernier. Les journaux télévisés, les radios, les journaux ont multiplié les articles et les reportages autour de la mort des trois adolescents tués, entre le 22 et le 26 février. L'enchaînement des événements, sur une période très courte, explique cette forte émotion. Mais aussi le fait que ces jeunes étaient quasiment des enfants (14 ans pour les deux premiers, dont une fille, et 15 ans pour le troisième). Quant aux agresseurs, beaucoup étaient aussi très jeunes. Et armés. Dans les deux premiers cas au moins, la rivalité entre bandes a été la cause des meurtres. Ces phénomènes de violence, aussi terribles soient-ils, ne datent pas d'aujourd'hui comme l'a expliqué à 1jour1actu, l'historienne Véronique Blanchard. « Déjà, au 19e siècle, de nombreux articles de journaux parlaient des violences entre bandes. Les adolescents en question étaient surnommés les « apaches » du nom de cette tribu indienne redoutée. On disait qu'ils étaient de plus en plus jeunes, de plus en plus violents. Exactement les mêmes adjectifs qu'aujourd'hui ! » Pour Véronique Blanchard, « Il est normal de se regrouper quand on est adolescent. C'est comme ça qu'on grandit : on trouve une seconde famille dans sa bande de copains. On constate qu'à toutes les époques, cela donne parfois lieu à de la violence. Mais le plus souvent, ce sont des actes isolés. Des faits divers. » Quoi qu'il en soit, l'État a le devoir de protéger sa jeunesse, en particulier celle qui vit dans les quartiers défavorisés les plus exposés à la violence. Aussi, le président Emmanuel Macron a annoncé lundi le

développement du mentorat : 200 000 jeunes se verront chacun accompagné d'un adulte (« un mentor ») afin de les guider dans leur formation et leur recherche de travail.

Film West side story

DOC 2 :
https://www.femmeactuelle.fr/horoscope2/astrolove/spiritisme-tout-savoir-sur-cette-pratique-qui-permet-de-communiquer-avec-les-esprits-2108971

**Popularisé au XVIIIe siècle, le spiritisme permet d'entrer en contact avec les esprits des défunts. Devenue confidentielle, cette pratique est désormais liée à celle des médiums dits spirites. Explications.**

Tables tournantes, verres qui se déplacent, coups sur les murs. Entrer en contact avec les esprits a toujours fasciné. La pratique, souvent **considérée comme obscure ou réservée aux initiés**, était pourtant l'un des divertissements les plus populaires du XVIIIe siècle. Loin des clichés de la diseuse de bonne aventure, les séances de spiritisme réunissaient le Tout-Paris, dans des salons privés. Le romancier Victor Hugo en a notamment fait l'expérience, après la mort de sa fille Léopoldine, et s'en est inspiré pour rédiger son célèbre *Livre des Tables. Les séances spirites de Jersey*. Retour sur cet art divinatoire, théorisé par Allan Kardec, et qui est encore peu connu du grand public.

**Qu'est-ce que le spiritisme ?**

"*Esprit, esprit, es-tu là ?*" Qui n'a jamais entendu ou prononcé cette phrase ? Plus que le simple fait d'interroger la présence des esprits, "*le spiritisme est une science et une philosophie, qui avait été initiée par Allan Kardec entre 1855 et 1869*", explique Jacques Peccatte dans un documentaire réalisé par l'Institut de recherche sur les expériences extraordinaires (INRESS). Le président du cercle spirite d'Allan Kardec détaille : "*il avait démontré la* ***possibilité de communiquer avec les esprits des décédés****, mettant en évidence la survie de l'esprit après la mort et le principe de réincarnation*".

Considérant donc qu'une âme peut être soit matérielle, c'est-à-dire incarnée dans un vivant, soit immatérielle, ce qu'on considère comme un esprit, le spiritisme n'est autre que l'art de mettre en relation ces deux mondes.

DOC 3 :

https://www.bfmtv.com/police-justice/les-rodeos-urbains-un-phenomene-qui-agace-autant-qu-il-inquiete_AV-201607250037.html

## LES RODÉOS URBAINS, UN PHÉNOMÈNE QUI AGACE AUTANT QU'IL INQUIÈTE

Marie-Caroline Meijer
Le 25/07/2016

Le phénomène, récurrent, se fait particulièrement sentir avec le retour des beaux jours. Ces courses sauvages en deux roues ou en quad représentent pourtant un réel danger pour les conducteurs comme pour les riverains.

Il fait chaud et pour aérer votre domicile vous ouvrez vos fenêtres quand soudain... pétarades, vrombissements de moteurs et cris de jeunes exaltés par la vitesse. Le calme est brisé par un rodéo urbain.

Popularisées par des films comme ceux de la franchise "Fast & Furious", ces courses font fi de toutes les règles élémentaires de sécurité routière. Véhicules non homologués et lancés à plein régime par des conducteurs sans casque...

## JOUER POUR SE DEPASSER/SE CONFRONTER

"S'ils veulent jouer à ça ils devraient le faire dans des endroits spécialement dédiés à ça. Pas dans des endroits urbains où les enfants peuvent jouer. C'est insupportable", se plaint une habitante d'Evry, dans l'Essonne. Insupportable, c'est le mot qui revient sur toutes les lèvres. Tant vis-à-vis des nuisances sonores que du danger lié à ces courses.

Doc 4 :

https://www.lepoint.fr/pop-culture/space-mountain-version-star-wars-vaut-il-le-deplacement-a-disneyland-10-05-2017-2126190_2920.php

## Space Mountain version Star Wars vaut-il le déplacement à Disneyland ?

**PAR MÉLISSA CHEVREUIL**
Modifié le 23/06/2017

**La Force s'est emparée de la plus célèbre montagne russe du parc d'attractions, qui fait ainsi peau neuve et vous entraîne au sein de la Rébellion.**

Après quatre mois et demi de réhabilitation, *Space Mountain : Mission 2* ouvre enfin aux visiteurs sous le nom de *Star Wars Hyperspace Mountain*. Et si, de l'extérieur, rien ne semble avoir changé, le nouveau nom de l'attraction affiché en larges lettres bleus donne le la. Exit, l'odyssée contemplative où les touristes admiraient, comme dans un zoo, météores en fusion et supernovæ. Le visiteur prend désormais place au sein de la Rébellion, fin prête à en découdre avec l'Empire.

À peine le visiteur à bord d'un des « vaisseaux » flambant neufs, les notes du célèbre thème d'ouverture composé par John Williams l'installent dans l'ambiance. Mais pas le temps de tergiverser, l'Alliance rebelle nous appelle et l'aventure commence de manière fulgurante.

Comme chez son prédécesseur, feu *Space Mountain*, le visiteur se retrouve propulsé tous azimuts. Ne vous étonnez pas si les nombreux loopings et virages vous donnent une impression de « déjà-vu » : le circuit n'a pas subi l'once d'une modification. La nouveauté est ainsi entièrement audiovisuelle. Amplement suffisant pour nous mettre une sacrée claque !

Il faut dire que la vitesse mettra vos cordes vocales à rude épreuve. Mais n'ayez crainte, amis pétochards, la musique recouvrira vos cris les plus stridents. Vous pouvez donc y aller franchement en vous arrachant les poumons. Détail fâcheux, vous risquez aussi d'y laisser quelques cheveux ! La nouvelle protection est si efficace que les longues crinières y restent facilement coincées. Attacher votre toison il vous faudra alors avant de rejoindre la Rébellion.

1) En quoi chacun de ces articles ajoute la notion de peur à celle de dépassement de soi/confrontation aux autres ?
2) Quelle est la seule des quatre activités qui ne présente à priori pas de risque ?
3) En quoi les trois autres sont-elles dangereuses ?
4) Pourquoi sont-elles pratiquées par certains jeunes malgré le risque ?
5) Deux en particulier viennent se confronter à la loi. Lesquelles ? Qu'en penses-tu ?
6) D'après l'article 4 de la Déclaration des Droits de l'Homme et du Citoyen (1789), « la liberté consiste à faire tout ce qui ne nuit pas à autrui ». Pourquoi les rodéos et les bagarres entre bandes vont à l'encontre de ce grand principe fondateur de la République ?
7) Quelles limites mettrais-tu au jeu du coup ?
8) Tu veux convaincre un ami de ne pas participer à un rodéo urbain. Imagine votre dialogue et tes arguments pour le dissuader.

## JOUER POUR SE DEPASSER/SE CONFRONTER

# SEQUENCE 5

# JOUER
# POUR
# CREER DU LIEN

| | | |
|---|---|---|
| SEANCE1 | Peinture : tableau <u>Les joueurs de cartes</u> de Cézanne | 1h |
| SEANCE2 | -Texte : <u>Le joujou du pauvre</u>, de Baudelaire<br>-point exam : les figures de style | 1h |
| SEANCE3 | -Presse : <u>Musique, vecteur du lien social</u><br>-Point exam : argumenter | 1h |
| SEANCE4 | -Presse et image<br>-entraînement au bac | 2h |

## JOUER POUR CREER DU LIEN

## Etude d'un tableau

**LES JOUEURS DE CARTES, PAUL CEZANNE (1839-1906)**

1) Décris ce tableau : premier plan, arrière-plan, couleurs, atmosphère.
2) Quelle est l'attitude des personnages ? Quelles émotions transparaissent ?
3) Imagine qui il sont et depuis combien de temps ils se connaissent.
4) Etudie les principaux courants artistiques en peinture puis devine à quel courant appartient ce tableau.

## JOUER POUR CREER DU LIEN

## <u>Principaux courants de peinture</u>

### 1)LE **ROMANTISME**, fin18èmeS

Emotions, sentiments,

Expression du moi

Delacroix *La liberté guidant le peuple.* (1830)

### 2)LE **REALISME**, 19èmeS

Scènes de la vie courante

Courbet Tailleurs de pierres

### 3)L'**IMPRESSIONNISME**, fin19èmeS

Jeu de lumières, juxtaposition couleurs,

réalité mise en lumière

Claude Monet, Etretat

### 4)LE **CUBISME**, début20èmeS

Fragmentation, formes géométriques, compréhension difficile

Picasso, Guernica

# JOUER POUR CREER DU LIEN

## 5)LE **SURREALISME**, 20èmeS

Psychanalyse, illustration des rêves, inexplicable

Dali, la persistance de la mémoire 1931

## 6)LE **POP ART**, milieu du 20èmeS

Sortir l'objet de son contexte habituel,
Couleurs vives,
Style BD

Andy Warhol

**Lequel de ces 6 courant te plaît le plus ? Pourquoi ? Auquel es-tu moins sensible ? Pourquoi ? Devine à quel courant appartient chacun des tableaux suivants :**

## JOUER POUR CREER DU LIEN

**Titre : Le joujou du pauvre**

**Poète : Charles Baudelaire (1821-1867)**

Recueil : Le Spleen de Paris (1869).

*Je veux donner l'idée d'un divertissement innocent. Il y a si peu d'amusements qui ne soient pas coupables !*

*Quand vous sortirez le matin avec l'intention décidée de flâner sur les grandes routes, remplissez vos poches de petites inventions à un sol, —* ***telles que le polichinelle plat mû par un seul fil, les forgerons qui battent l'enclume, le cavalier et son cheval dont la queue est un sifflet****, — et le long des cabarets, au pied des arbres, faites-en hommage aux enfants inconnus et pauvres que vous rencontrerez. Vous verrez leurs yeux s'agrandir démesurément. D'abord ils n'oseront pas prendre ; ils douteront de leur bonheur. Puis leurs mains agripperont vivement le cadeau, et* ***ils s'enfuiront comme font les chats qui vont manger loin de vous le morceau que vous leur avez donné, ayant appris à se défier de l'homme****.*

*Sur une route, derrière la grille d'un vaste jardin, au bout duquel apparaissait la blancheur d'un joli château frappé par le soleil, se tenait un enfant beau et frais, habillé de ces vêtements de campagne si pleins de coquetterie.*

*Le luxe, l'insouciance et le spectacle habituel de la richesse, rendent ces enfants-là si jolis, qu'on les croirait* ***faits d'une autre pâte*** *que les enfants de la médiocrité ou de la pauvreté.*

*À côté de lui, gisait sur l'herbe un joujou splendide, aussi frais que son maître, verni, doré, vêtu d'une robe pourpre, et couvert de plumets et de verroteries. Mais l'enfant ne s'occupait pas de son joujou préféré, et voici ce qu'il regardait :*

*De l'autre côté de la grille, sur la route, entre les chardons et les orties, il y avait un autre enfant, sale, chétif, fuligineux, un de ces marmots-parias dont* ***un œil impartial découvrirait la beauté, si, comme l'œil du connaisseur devine une peinture idéale sous un vernis de carrossier, il le nettoyait de la répugnante patine de la misère.***

*À travers ces barreaux symboliques séparant deux mondes, la grande route et le château, l'enfant pauvre montrait à l'enfant riche son propre joujou, que celui-ci examinait avidement comme un objet rare et inconnu. Or, ce joujou, que le petit souillon agaçait, agitait et secouait dans une boîte grillée, c'était un rat vivant ! Les parents, par économie sans doute, avaient tiré le joujou de la vie elle-même.*

*Et les deux enfants se riaient l'un à l'autre fraternellement, avec des dents d'une égale blancheur.*
**Charles Baudelaire**.

1) Décompose ce texte en 4 parties logiques.
   Mets un titre pour chacune des parties.
2) Quel but du jeu est mis en avant dans les 2 1ères lignes ? Explique.
3) Quel autre but apparaît dans les 2 dernières lignes ? Explique.
4) Identifie et explique les figures de style en gras.
5) Complète les informations sur les 2 enfants :

| | ENFANT RICHE | ENFANT PAUVRE |
|---|---|---|
| Décor alentour | | |
| Adjectifs qualificatifs pour décrire l'enfant | | |
| Description du jouet | | |

## JOUER POUR CREER DU LIEN

6) Champs lexicaux de la richesse et de la pauvreté

## POINT EXAM

## LES FIGURES DE STYLE

Elles donnent de la force à un texte. Elles servent à illustrer, insister ou donner de l'émotion.

| | |
|---|---|
| Comparaison | *Tom est rouge **comme** une tomate.*<br>Comparé=Tom ; comparant= tomate ;<br>point commun=couleur |
| Métaphore | *Un troupeau d'autobus.*<br>Comparé=autobus ; comparant=troupeau<br>Point commun=nombre<br>C'est un peu une comparaison sans « comme ». |
| Personnification | *Les bras de l'arbre.*<br>C'est attribuer des caractéristiques humaines à qqch qui ne l'est pas (un arbre n'a pas de bras mais des branches…) |
| Anaphore | ***C'est à toi que** je m'adresse.*<br>***C'est à toi que** j'en veux !*<br>C'est une répétition en début de phrase. |
| Accumulation | *Elle était **belle, charmante, mignonne, jolie**…*<br>C'est mettre des termes de même nature à la suite. |
| Antithèse | *Il n'est pas très aimable **mais** il travaille bien.*<br>C'est opposer 2 idées. |
| Oxymore | ***Soleil noir** ; petit géant ; grand nain*<br>C'est associer 2 mots qui ne vont pas ensemble normalement. |
| Hyperbole | *Cette moto est la plus belle de tout l'univers !*<br>C'est une exagération. |

## JOUER POUR CREER DU LIEN

## LA MUSIQUE

### DOC 1 :

https://www.la-croix.com/Culture/musique-vecteur-lien-social-temps-crise-2020-03-20-1201085264

# La musique, vecteur de lien social en temps de crise

Chanter, danser, jouer d'un instrument à son balcon. Pendant le confinement, les initiatives créatives et musicales se multiplient et deviennent des rendez-vous quotidiens avec ses voisins. Émilie Tromeur-Navaresi, musicothérapeute, et Hyacinthe Ravet, musicologue et sociologue, nous expliquent pourquoi nous avons ainsi recours à la musique

C'est une façon de ne pas se sentir seul, ni isolé.

L'écoute de la musique crée et développe en nous de la dopamine, une hormone de plaisir. On écoute, on danse et après on se sent mieux. On choisit bien sûr la musique en fonction de notre subjectivité et de nos prédilections pour certains styles et genres musicaux. Mais, dans des situations comme celle que nous vivons actuellement, elle permet de nous retrouver.

La musique a toujours tenu une place importante dans des périodes de crise, notamment pendant les guerres. En chantant, en jouant d'un instrument, on s'engage. La musique est signe d'espoir, de rêve d'un lendemain meilleur car il faut toujours penser qu'il y aura une issue. Il faut abuser des choses qui nous font du bien donc si la musique nous aide, il faut l'utiliser ! »

"C'est un phénomène intéressant, qui dit quelque chose du « pouvoir » de la musique dans la société. Le confinement pousse à s'interroger sur la nature des liens sociaux. Chanter, jouer, c'est faire corps avec autrui. Le son, la vibration commune, donne corps au lien social.

Même s'il y a une distance physique, un éloignement entre les personnes, il y a une proximité grâce à la musique. Une connivence peut s'instaurer simultanément dans cette activité qui fait sens vers un but commun :

chanter ou jouer de la musique ensemble. Elle touche tous les milieux sociaux, tout le monde simultanément.

Qu'on la chante, qu'on l'écoute, qu'on la joue, on fabrique un temps commun. Cette temporalité partagée, c'est vraiment quelque chose de fort, une résonance où l'on vit la musique, où l'on vit en musique ensemble. Ça fait son, ça fait sens à un instant « t ».

1) Explique en quoi jouer d'un instrument peut favoriser le bienêtre.
2) Relève les passages qui disent que la musique crée du lien social.
3) On note une 3ème fonction de la musique dans cet article. Laquelle ?
4) En quoi jouer de la musique et en écouter permet-il d'espérer ?
5) Entoure le champ lexical du « lien ».
6) Et toi, penses-tu que jouer d'un instrument permette de créer du lien avec les autres ?

## POINT EXAM

### Evaluation des compétences d'écriture : argumenter

Un argument est un bref exposé servant de preuve pour valider une opinion.

Il est toujours suivi d'une explication qui vient détailler, développer mon propos.

Enfin, je conclus par un exemple concret pour illustrer ce que je dis.

**ARGUMENT + EXPLICATION + EXEMPLE**

## JOUER POUR CREER DU LIEN

- Jouer de la musique est-il utile ?
  >Jouer de la musique favorise le lien social. **(= argument)**
  >En effet, même si elles sont réservées, les personnes qui jouent d'un instrument n'ont qu'à lancer quelques notes pour qu'un groupe se forme autour d'elles. **(=explication)**
  >Par exemple, tout le monde s'est déjà arrêté dans la rue pour écouter un musicien. **(=exemple)**

## DOC 2 :

https://france3-regions.francetvinfo.fr/bourgogne-franche-comte/cote-d-or/dijon/le-covid-19-et-ses-consequences-ont-dope-les-ventes-de-jeux-de-societe-en-2020-1939828.html
Publié le 04/02/2021

Les jeux de société se sont très bien vendus l'an dernier. À Noël, les rayons ont été dévalisés. *"Que ce soit le Scrabble, le Puissance 4, Docteur Maboul... Des choses qui existent depuis des années, qui n'ont absolument pas changé. Mais c'est la recette qui marche*, précise Max-Tobias Walter, assistant au responsable de secteur à la Fnac de Dijon (Côte-d'Or). *C'est toujours le sourire, le bon moment où on va défier toute sa famille. Ça parle à tout le monde."*

40 % des ventes du secteur se font traditionnellement en fin d'année. Mais 2020 a dérogé à la règle, le succès aura été au rendez-vous toute l'année. *"Surtout avec les deux grandes familles de jeux qui se sont distinguées pendant cette période. C'est-à-dire, le jeu d'ambiance entre amis et les escape games. Ce sont vraiment les deux jeux où on se réunit une heure autour d'une table et on rigole, on réfléchit, on s'amuse. Au final, on passe du temps avec des gens"*, ajoute Max-Tobias Walter.

**Un marché dopé par le confinement**

Le marché, en progression constante depuis dix ans, a été dopé par le confinement. On a compté 11 % de ventes en plus de janvier à novembre 2020 par rapport à la même période en 2019. Même les boutiques spécialisées qui ont dû fermer pendant plusieurs semaines et ne proposaient pas de vente par internet tirent leur épingle du jeu. *"Le jeu de société, c'est ça. Se retrouver autour d'une table et échanger directement,* indique Maxime Boudart, vendeur conseil. *C'est quelque chose qui manque peut-être dans une société un peu surconnectée. Je pense que c'est ce qui fait qu'il y a un gros succès là-dessus."* Et encore plus cette année, il a bien fallu occuper ses soirées. Le secteur a surtout fait de nouveaux adeptes, en particulier chez les jeunes adultes.

**DOC 3 :**

**ENTRAINEMENT AU BAC :**

## Evaluation des compétences de lecture

Présentation du corpus
Question n°1 : présente le corpus (DOC1 à 3) en 3 à 6 lignes en montrant son unité et ses différences. (3 points)

## Evaluation des compétences d'écriture (10 points)

Certains enseignants refusent d'intégrer le jeu dans leurs pratiques pédagogiques car ils prétendent que celui-ci n'a pas de fonction à part divertir, qu'il ne sert à rien.

Qu'en penses-tu ?

Tu répondras à cette question dans un développement argumenté en t'appuyant sur les documents du corpus et tes connaissances personnelles. (40 lignes environ).

# SEQUENCE 6
# JOUER
# POUR
# S'EVADER
# REVER

| | | |
|---|---|---|
| SEANCE1 | Texte : La poupée de Cosette, de V. Hugo | 2h |
| SEANCE2 | -Point langue : focalisation<br>-Point exam : éviter les répétitions | 1h |
| SEANCE3 | -Nouvelle : Le joueur d'échecs, de Sweig<br>Extrait 1 | 1h |
| SEANCE4 | -Nouvelle : Le joueur d'échecs, de Sweig<br>Extraits 2 et 3 | 1h |
| SEANCE5 | -Nouvelle : Le joueur d'échecs, de Sweig<br>Extraits 4 et 5 | 1h |
| SEANCE6 | -Point exam : la conclusion<br>-Presse : Confession d'un gagnant du loto<br>-Point exam : la ponctuation | 1h |
| SEANCE 7 ET 8 | Rédaction d'une nouvelle | 2h |

## JOUER POUR REVER, S'EVADER

**Victor HUGO, "La poupée de Cosette"**
***Les Misérables,*** 2ème partie, livre 3ème, ch. 8
*Jean Valjean, qui s'est donné pour mission de retrouver la petite Cosette confiée à l'affreux couple Thénardier par sa mère avant son décès, arrive chez ces gens ignobles. Il surprend Cosette cachée sous une table, tel un animal craintif, en train de jouer avec la poupée des filles du couple.*

Ce bonheur de jouer avec une poupée était tellement rare pour elle qu'il avait toute la violence d'une volupté.
Cosette, elle, tout entière aux extases de la possession, ne voyait et n'entendait plus rien.
Le visage de la Thénardier prit cette expression particulière qui se compose du terrible mêlé aux riens de la vie et qui a fait nommer ces sortes de femmes: mégères.
Cette fois, l'orgueil blessé exaspérait encore sa colère. Cosette avait franchi tous les intervalles, Cosette avait attenté à la poupée de "ces demoiselles".
Elle cria d'une voix que l'indignation enrouait.
- Cosette!
Cosette tressaillit comme si la terre eût tremblé sous elle. Elle se retourna.
- Cosette, répéta la Thénardier.
Cosette prit la poupée et la posa doucement à terre avec une sorte de vénération mêlée de désespoir. Alors, sans la quitter des yeux, elle joignit les mains, et, ce qui est effrayant à dire dans un enfant de cet âge, elle se les tordit; puis, elle pleura. Elle éclata en sanglots.
Cependant le voyageur s'était levé.
- Qu'est-ce donc? dit-il à la Thénardier.
- Vous ne voyez pas? dit la Thénardier en montrant du doigt le corps du délit qui gisait aux pieds de Cosette.
- Hé bien, quoi? reprit l'homme.
- Cette gueuse, répondit la Thénardier, s'est permis de toucher à la poupée des enfants!
- Tout ce bruit pour cela! dit l'homme. Eh bien, quand elle jouerait avec cette poupée?
- Elle y a touché avec ses mains sales! poursuivit la Thénardier, avec ses affreuses mains!
Ici Cosette redoubla ses sanglots.
L'homme alla droit à la porte de la rue, l'ouvrit et sortit.

## JOUER POUR REVER, S'EVADER

Dès qu'il fut sorti, la Thénardier profita de son absence pour allonger sous la table à Cosette un grand coup de pied qui fit jeter à l'enfant les hauts cris.
La porte se rouvrit, l'homme reparut, il portait dans ses deux mains la poupée fabuleuse dont nous avons parlé, et que tous les marmots du village contemplaient depuis le matin, et il la posa debout devant Cosette en disant:
- Tiens, c'est pour toi.
Cosette leva les yeux, elle avait vu venir l'homme à elle avec cette poupée comme elle eût vu venir le soleil, elle entendit ces paroles inouïes: *c'est pour toi*, elle le regarda, elle regarda la poupée, puis elle recula lentement, et s'alla cacher tout au fond sous la table dans le coin du mur.
Elle ne pleurait plus, elle ne criait plus, elle avait l'air de ne plus oser respirer.
Cosette considérait la poupée merveilleuse avec une sorte de terreur. Son visage était encore inondé de larmes, mais ses yeux commençaient à s'emplir, comme le ciel au crépuscule du matin, des rayonnements étranges de la joie. Ce qu'elle éprouvait en ce moment-là était un peu pareil à ce qu'elle eût ressenti si on lui eût dit brusquement: Petite, vous êtes la reine de France.
Il lui semblait que si elle touchait à cette poupée, le tonnerre en sortirait.
Ce qui était vrai jusqu'à un certain point, car elle se disait que la Thénardier gronderait, - et la battrait.
Pourtant l'attraction l'emporta.

- D'après cet extrait, comment les Thénardier semblent-ils traiter Cosette ?
- Relève les termes employés par la Thénardier pour désigner Cosette.
- La petite-fille a-t-elle fait quelque chose de mal ? Explique.
- Que peut représenter une poupée pour elle ? Entoure les mots exprimant les émotions qu'elle ressent face aux poupées.
- « Elle considérait la poupée merveilleuse avec une sorte de terreur. » « Il lui semblait que si elle touchait à cette poupée, le tonnerre en sortirait. » Cosette a-t-elle peur de la poupée ? Que craint-elle ?
- Souligne les 3 comparaisons de la fin du texte et explique-les.
- Pourquoi peut-on dire que les instants passés à jouer à la poupée permettent à Cosette de s'évader ?

## JOUER POUR REVER, S'EVADER

- Recopie la phrase qui prouve que ce besoin d'évasion est plus fort que la peur.

Analyse <u>La poupée de Cosette</u>, Comerre (1850-1916)

- Et toi, as-tu recours au jeu pour t'évader de ton quotidien ? Lequel ? Que fuis-tu ? Que ressens-tu quand tu joues ? (10 lignes minimum)

## POINT LANGUE

## LA FOCALISATION

| | |
|---|---|
| Définition= point de vue adopté par le narrateur | |
| Il en existe 3 types : | |
| **FOCALISATION INTERNE** | C'est quand on est dans la tête du personnage, qu'on sait ce qu'il pense et ressent.<br>Ex : « Cosette avait franchi tous les intervalles, Cosette avait attenté à la poupée de ces demoiselles. » : on est dans la tête de la Thénardier. |
| **FOCALISATION EXTERNE** | C'est comme si on filmait une scène avec une caméra : on n'en sait pas plus que ce qu'on voit, on décrit.<br>Ex : « L'homme alla droit à la porte, l'ouvrit et sortit. » |
| **FOCALISATION ZERO OU OMNISCIENTE** | C'est quand on sait tout : on décrit, on est aussi dans la tête des personnages et on en sait plus qu'eux : passé, avenir…<br>Ex : « Il portait dans ses deux mains la poupée fabuleuse dont nous avons parlé, et que tous les marmots du village contemplaient depuis le matin. » |

## JOUER POUR REVER, S'EVADER

Souligne l'extrait des Misérables de 3 couleurs différentes selon le type de focalisation phrase par phrase.

## POINT EXAM

## EVITER LES REPETITIONS

Relis-toi pour repérer les répétitions et les supprimer. Pour cela, utilise :

- **Des synonymes** = belle/jolie
- **Des hyperonymes** = mot en englobant d'autres : ex : chiens pour caniches et chihuahuas ; logement pour maison et appartement.
- **Des hyponymes**= mot appartenant à une catégorie plus grande : ex : caniches pour chiens ; maison pour logement.
- **Des nuances** = parler/jurer/affirmer

## JOUER POUR REVER, S'EVADER

## ETUDE D'UNE NOUVELLE

## CORPUS ISSU DE :

## LE JOUEUR D'ECHECS

## DE STEFAN ZWEIG (1942)

- **Extrait 1 : l.264 à l.297 : Les échecs, un simple jeu ?**

- Le narrateur utilise les termes « jeu royal » et « souverainement » pour décrire les échecs qu'il oppose aux autres jeux régis par « la tyrannie du hasard ». Pourquoi les échecs bénéficient-ils de ce statut à part ?
- Repère l'accumulation et les antithèses qui permettent d'expliquer l'intérêt de ce jeu.
- D'après ce passage, connaît-on réellement l'origine de ce jeu ? Explique.
  Effectue une recherche internet sur ce sujet et complète :

| ORIGINE DES ECHECS | |
|---|---|
| Sources (au moins 3 différentes) : | -<br>-<br>- |
| Date d'apparition : | |
| Lieu d'apparition : | |
| Arrivée en Europe : | |
| Fixation des règles actuelles : | |

## JOUER POUR REVER, S'EVADER

- En quoi ce jeu est-il bon pour l'être humain ? Quelles qualités développe-t-il ?
- « Comme un filon d'or court dans une roche brute ». Quelle est cette figure de style ? Explique ce que veut dire le narrateur.

- **Extrait 2 : l.324 à l.353 : Buts du jeu ?**

- Le narrateur dit qu'il « joue au sens strict du terme. » Développe : quel est son but, que recherche-t-il ?
- Trouve la comparaison qu'il établit entre échecs et amour et explique-la.
- L.331 à 333 : Quelle autre fonction du jeu est ici mise en avant ?
- Dresse un bref portrait de MacConnor en t'appuyant sur le texte.
- Contrairement au narrateur, que recherche MacConnor au travers du jeu ?

- **Extrait 3 : l.405 à l.434 : Jouer pour gagner sa vie**

- Comment est décrit Czentovic ?
- A quelle condition accepte-t-il de jouer ?
- Quelles sont les deux attitudes successives adoptées par le narrateur qui démontrent que pour lui jeu et argent ne font pas bon ménage ?
- Quel argument lui rétorque MacConnor ? Sur quelle comparaison s'appuie-t-il ?
- MacConnor démontre que c'est en payant, qu'on ne doit rien. Explique ce paradoxe.
- Et toi, as-tu des exemples de personnes qui gagnent leur vie en jouant ? Qu'en penses-tu ?

- **Extrait 4 : l.846 à l.916 : Torture nazie**

- Quel est ce « sort spécial », cette « apparente faveur », cet « honneur » qui a été réservé à Monsieur B. par la Gestapo ?
- Explique pourquoi ces termes sont ironiques.

# JOUER POUR REVER, S'EVADER

- Relève le champ lexical du confinement.
- En quoi ce confinement est-il beaucoup plus terrible que celui des Français en mars 2020 face à l'épidémie de Covid19 ?

| CONFINEMENT | NAZI | COVID19 |
|---|---|---|
| Lieu | | |
| Meubles | | |
| Objets à disposition | | |
| Loisirs possibles | | |
| Possibilités de sorties | | |
| Rapport au temps | | |
| Compagnie | | |

- « Noir océan de silence » : identifie et explique la double figure de style.
- Comment Monsieur B. explique-t-il qu'on puisse devenir fou à force de penser ?
- Etrangement, quel connecteur logique marque le fait que Monsieur B. est presque content de se faire interroger par la Gestapo ?
- L.911 à 916 : le narrateur passe du « je » au « on ». Quel est l'effet produit ?

## • Extrait 5 : l.1141 à l.1230 : S'évader mentalement

- A début, Monsieur B. est-il content de découvrir que le livre qu'il a réussi à voler aux nazis est un manuel de jeu d'échecs ? Pourquoi ?
- Ensuite, comment réussit-il à se fabriquer un jeu d'échecs ?
- Comment ses parties d'échecs arrivent-elles à se transposer dans son esprit ?
- Pourquoi est-ce pour lui un « inappréciable bienfait » ? Appuie-toi sur le texte.
- Montre qu'il se crée une véritable discipline de vie autour des échecs. En quoi est-ce important ?
- Son temps ne se « traîne plus avec l'inconsistance de la gélatine ». Identifie et explique cette figure de style.
- Est-il fatigué pour autant ? Pourquoi ?
- Au-delà du passe-temps et de l'amusement, les échecs ont-ils une incidence sur sa vie, face aux nazis notamment ? Pourquoi ?

## JOUER POUR REVER, S'EVADER

- Trouve d'autres exemples d'apports du jeu dans la vie de tous les jours.
  - **Extrait 6 : l. 1301 à l.1391 : L'addiction**

- Comment cette activité passe-telle de « salutaire » à dangereuse ? Recopie la phrase qui marque ce changement.
- Monsieur B. se qualifie de « schizophrène ». Donne une définition de cette maladie.
- Comment explique-t-il être tombé dans ce piège ?
- Répertorie les « symptômes » de son addiction.
- « La joie que j'avais à jouer était devenue un désir violent, le désir une contrainte, une manie. » Que traduisent ces mots ?
- Quelles sont les répercussions de cette addiction sur son hygiène de vie ?
- Relève le champ lexical de la maladie.
- Connais-tu d'autres addictions ? Leurs conséquences sont-elles identiques ?

## POINT EXAM

## LA CONCLUSION

Elle comporte 2 parties : le récapitulatif et l'ouverture.

-**Le récapitulatif** = 1 phrase de résumé par partie du développement : « Nous avons donc vu que… »

-**L'ouverture** = un nouvel aspect du sujet non abordé, rebondir sur une autre problématique en lien : souvent, on peut finir avec une autre question ou … pour relancer le débat.

## JOUER POUR REVER, S'EVADER

# LOTO :

### Crée ta propre nouvelle (par groupe de 2 à 4)

Pour t'aider, lis cet article et réponds aux questions avant de te lancer. Cela peut t'inspirer et te donner des idées.

1) Ce gagnant était-il un joueur régulier ? Justifie.
2) Combien a-t-il misé ? Combien a-t-il gagné ?
3) Quelle est sa 1ère réaction quand il découvre qu'il a gagné ?
4) Quelle était sa situation professionnelle à ce moment-là ?
5) Souligne les passages qui montrent que gagner au loto peut causer des soucis.
6) Réécris le dernier paragraphe en remettant la ponctuation.
7) Bizarrement, dans le dernier paragraphe il dit que gagner au Loto peut t'isoler ? Pourquoi ? Explique.
8) Et toi, si tu gagnais, le dirais-tu aux autres ? Pourquoi ?

## La confession d'un gagnant du Loto

**Choc.** Comment vit-on après avoir touché le gros lot ? Récit.

Publié le 01/09/2011

Je m'en souviens comme si c'était hier. J'ai gagné le gros lot il y a pile cinq ans et demi. C'était un mardi. Le 14 février 2006, le jour de la Saint-Valentin. J'avais 36 ans. J'étais séparé de la mère de mon fils et celui-ci dormait à la maison ce soir-là. On est allés au café du coin, qui vendait aussi des journaux. Je lui ai acheté une petite voiture et, moi, je me suis cherché un magazine. Il n'y avait pas celui que je voulais, alors, à la place, j'ai tenté un Loto Flash. J'ai misé 10 euros. Juste comme ça, je ne jouais jamais. Le lendemain, je repasse devant le café. Il y a une pancarte énorme : "Ici, on a gagné 7 millions d'euros." Je rentre, je passe mon ticket dans la machine et, oui, je suis le gagnant de la supercagnotte. J'ai passé un quart d'heure sans bouger. Le patron, que je connaissais un peu, a sorti le champagne. Il n'arrêtait pas de me parler, je ne l'écoutais pas, mais il ressassait en boucle. Il pianotait sur sa calculatrice et disait : "Si tu places bien ton argent, ça va te faire du 15 000 à 20 000 euros par mois sans rien faire." Il était surexcité. Et moi, j'étais ailleurs, complètement amorphe. J'ai appelé la française des jeux et on m'a donné rendez-vous à Paris quatre jours plus tard. Quatre jours d'angoisse ! Car on t'explique calmement que le chèque est remis au porteur du ticket gagnant. Si tu le perds, c'est dommage pour toi... Alors, tu ne penses qu'à ça, à ne pas le perdre. Je ne suis pas sorti de chez moi pendant quatre jours et je n'ai pas dormi non plus. Je gambergeais comme un malade. Est-ce un rêve ou la réalité ? Qu'est-ce que je vais faire de ce pactole ? À qui je dois le dire ? Le plus génial, c'est que cet argent m'est tombé dessus à un moment où j'étais vraiment dans la m... J'ai un CAP de tourneur-fraiseur, mais le boulot à l'usine, ça n'a jamais été mon truc. Alors, j'ai fait plein de métiers différents : crêperies, restaurants de plage, pizzerias. Quelques mois auparavant, je m'étais mis à mon compte et lancé dans la fringue. Ça ne marchait pas du tout. J'étais en dépôt de bilan, à deux doigts d'être interdit bancaire. Le lundi suivant, j'ai enfin récupéré mon chèque. Et là, je me suis dit : "Tu as 7 millions d'euros, tu vas claquer 1 million tout de suite." Comme ça, pour le plaisir. J'ai commencé par déménager, aussi sec. Pas question de rester dans ce quartier alors que les gens me regardaient comme le "gars qui a gagné le gros lot". Trop dangereux. Je me suis acheté une maison de 400 mètres carrés à l'autre bout de la ville**. Et puis, il a fallu la meubler... Mais je voulais vraiment de belles choses.

**Virer son banquier**

J'ai foncé en Italie, le royaume du design. J'ai passé une semaine dans un palace de Milan avec ma fiancée pour sélectionner mon canapé en cuir fait sur mesure. Dans les grands hôtels, je n'étais pas trop à l'aise. Je me déguisais en super riche : je déambulais en costard-cravate, je cachais mes tatouages sous des chemises à manches longues, alors que je ne suis bien qu'en jean et baskets. Et puis, j'ai découvert que les très riches sont souvent habillés n'importe comment... J'ai fini par trouver le canapé de mes rêves à un prix totalement indécent [NDLR : 15 000 euros]. Après, on est allés à Monaco. On a regardé les yachts, c'était trop cher. Mais je me suis fait plaisir avec un billard français fabriqué aux dimensions de mon salon. Je dépensais à peu près 10 000 euros par semaine. On a écumé les restaurants trois-étoiles. On passait quatre heures à table, en goûtant des vins inoubliables. J'ai pris 4 kilos en deux mois ! Après mon gain, j'ai rencontré d'autres "grands gagnants" par l'intermédiaire de la Française des jeux. Ils sont nombreux à ne rien dire à personne et à ne rien dépenser. Ils ont peur du qu'en-dira-t-on. Moi, je leur dis : si vous avez envie de changer de femme, de bagnole, de maison, faites-le. Sinon, à quoi ça sert de jouer au Loto ? Personnellement, j'ai joué, j'ai gagné, j'en profite. La moto, c'est ma passion. Avant de gagner, je roulais très vite avec une sportive. Je m'en suis séparé, je me suis acheté trois Harley-Davidson et j'ai ralenti l'allure. Je pensais que ça serait trop con de mourir maintenant ! Ah oui, je me suis aussi offert une Audi Q7. Avec le recul, ça faisait trop frimeur. Je l'ai revendue, je roule en Aston Martin.

J'ai bien rigolé avec les banquiers, aussi. J'étais client de BNP Paribas et ils me faisaient la vie dure. Quand j'ai gagné au Loto, ils ont radicalement changé d'attitude. Ah, ah, mais je les ai lâchés pour un concurrent, mon chèque sous le bras. Trois mois après, ils m'ont rappelé pour tenter de me récupérer. Ils me draguaient à mort. Ça m'a bien fait rire. Ils m'ont invité quatre jours à Paris, tous frais payés, pour assister en loge à des matchs à Roland-Garros (quart de finale, demi-finale, finale). Ils m'ont sorti le grand jeu, digne des super-VIP, j'ai même déjeuné avec Yannick Noah. Mais j'ai choisi de placer mon magot dans une autre banque, qui m'a invité à l'Opéra alors que je déteste ça ! Je gagne 12 000 euros par mois sans toucher à mon capital. J'ai pas mal investi dans l'immobilier. J'ai aussi monté une épicerie italienne, où

# JOUER POUR REVER, S'EVADER

je passe quelques heures tous les jours. Je dois continuer à travailler. Qu'est-ce que je raconterais à mes proches si je passais toute la journée en pyjama à regarder des DVD ? Quand on est riche, le risque, c'est de se retrouver tout seul... Quand on gagne au Loto, de toute façon, le rapport aux autres change. Et ça, on ne peut rien y faire. C'est pour cela que je n'ai rien dit à mon gamin. Il pense que mes affaires marchent bien. Comment lui expliquer qu'il faut travailler en classe, sinon ? Je l'ai dit à mes parents, à mes frères et soeurs et à quelques amis. J'ai remboursé les emprunts immobiliers de mes frères et soeurs. Après, des potes, tu en perds forcément. Certains me demandaient sans cesse de l'argent. Mais j'ai réussi à garder mes meilleurs amis. Je ne leur ai pas donné d'argent, mais je leur ai offert à chacun une moto et je me suis parfois porté caution pour leur maison. Au début, ils avaient des complexes à m'inviter manger une pizza avec une bière, juste comme avant. Mais, moi, je m'en fous. Je n'ai pas changé. Et puis, je ne vais pas me goinfrer de caviar matin, midi et soir ! Ce qui m'importe, c'est d'être avec eux.

**Mentir pour se protéger**

avecmonpèrecestcompliquéestunancienouvrieràlaretraiteetilamalprismarichessesoudaineilmed ittoujoursmaisqu'estcequetuasencoreachetélàçaluifaitpeurçal'énerveilnecomprendpasjeluiai proposéderefairesamaisondeluipayerunvoyageilatoutrefuséquelquesmoisaprèsmongainjeme suisséparédemacopinej'aiaujourd'huiunefiancéedontjesuistrèsamoureuxmaisaveclesfillesla richessecompliqueleschosesjemedemandaisest-elleavecmoipourmonargentsouventlorsdes premiersrendez-vousjenevienspasavecmavoiturepersoetjenelesemmènepasdansmamaison, maisdanslestudiod'unpote. Ça permet de se faire une idée... En fait, le seul truc négatif de cette chance qui m'est tombée dessus, c'est que tu es obligé de mentir tout le temps à tout le monde.

https://www.lepoint.fr/societe/la-confession-d-un-gagnant-du-loto-01-09-2011-1370356_23.php#

## POINT EXAM

## LA PONCTUATION

Souvent, tu zappes un peu la ponctuation en pensant que ce n'est pas important. Grâce à la question 6, tu peux constater que c'est primordial !

| | | |
|---|---|---|
| Le point | . | Il se met à la fin d'une phrase. |
| La majuscule | A | Elle se met au début de chaque phrase. |
| Le point-virgule | ; | Il se place entre 2 phrases qui ont un lien |
| Les 2 points | : | Pour introduire une explication, un exemple |
| Les points de suspension | … | Pour laisser en suspens, sous-entendre |
| Les guillemets | «» | Pour les paroles au style direct |
| La virgule | , | Pour faire des pauses dans une phrase |

| | | |
|---|---|---|
| Les parenthèses | () | Pour apporter une précision |
| Le point d'exclamation | ! | Pour ordonner ou exprimer une émotion |
| Le point d'interrogation | ? | Pour une question directe |

1) Paragraphe 1
   Choisis un personnage : nom, sexe, âge, description physique, situation familiale, situation professionnelle, lieu d'habitation…
   Commence ta nouvelle par : « C'est l'histoire de… »
   (10l minimum)

2) Paragraphe 2
   Imagine la raison pour laquelle il tente sa chance au loto (12 millions d'euros en jeu !) et raconte le moment (mercredi soir) où il va acheter sa grille : endroit, météo, personnes croisées, pensées, émotions, choix des numéros…
   (10l minimum)

3) Paragraphe 3

Raconte comment se déroule sa vie du mercredi soir au tirage du loto le samedi soir : dans quel état d'esprit est-il ? Que fait-il ? Qui voit-il ? A quelles difficultés est-il confronté ?
(10l minimum)

4) Paragraphe 4
   20h20 samedi soir sur TF1, c'est le moment tant attendu. Votre héros/héroïne ne peut assister au tirage : pour quelle raison ? Que lui arrive-t-il ? A-t-il gagné ? Où est sa grille de loto ?
   (10l minimum)

5) Paragraphe 5
   Dénouement : le personnage finit-il par connaître le résultat du tirage ? Comment ? Quelle est sa réaction ? Décris ses sentiments. Quelle est sa situation à la fin par rapport au début ? Invente une petite morale à cette histoire.
   (10l minimum)

**BACCALAUREAT PROFESSIONNEL BLANC 1**

**EPREUVE DE FRANÇAIS**

**Durée de l'épreuve : 2h30 ; Coefficient : 2,5**

**Objet d'étude : le jeu**

**Document 1 :**

*A la fin de la pièce de théâtre portant son nom, Dom Juan meurt, puni par le Ciel, après être resté sourd aux mises en garde de son entourage pour ses mauvais actes vis-à-vis de la gent féminine.*

**BAUDELAIRE, 1857, DOM JUAN AUX ENFERS**

Quand Don Juan descendit vers l'*onde souterraine *mer
Et lorsqu'il eut donné son *obole à **Charon, *argent **pilote de la barque des enfers
Un sombre mendiant, l'œil fier comme *Antisthène, *philosophe grec
D'un bras vengeur et fort saisit chaque aviron.

Montrant leurs seins pendants et leurs robes ouvertes,
Des femmes se tordaient sous le noir *firmament, *ciel
Et, comme un grand troupeau de victimes offertes,
Derrière lui traînaient un long mugissement.

Sganarelle en riant lui réclamait ses *gages, *sa paye
Tandis que *Don Luis avec un doigt tremblant *père de Dom Juan
Montrait à tous les morts errant sur les rivages
Le fils audacieux qui railla son front blanc.

Frissonnant sous son deuil, la chaste et maigre Elvire,
Près de l'époux *perfide et qui fut son amant, *déloyal
Semblait lui réclamer un suprême sourire
Où brillât la douceur de son premier serment.

Tout droit dans son armure, un grand homme de pierre
Se tenait à la barre et coupait le flot noir ;
Mais le calme héros, courbé sur sa *rapière, *épée
Regardait le sillage et ne daignait rien voir.

**Document 2 :**

**Document 3 :**

https://www.santepubliquefrance.fr/presse/2020/jeux-d-argent-et-de-hasard-dans-le-barometre-de-sante-publique-france-2019-description-des-joueurs-des-pratiques-et-des-problemes-en-population

### Davantage de jeu problématique

Entre 2014 et 2019, la prévalence des pratiques de jeu à risque modéré est passée de 3,8 % à 4,4 % et l'on constate une augmentation significative du jeu excessif : 1,6 % des joueurs contre 0,8 % en 2014. Au total, 6 % des joueurs ont des pratiques problématiques. Rapportées à l'ensemble de la population, ces niveaux équivalent à 1 million d'individus, joueurs à risque modéré et 370 000 joueurs excessifs. À eux seuls, ces joueurs génèrent près de 40 % du chiffre d'affaires des différentes activités.

Ces joueurs excessifs ou à risque modéré sont plutôt des hommes, plus jeunes que leurs homologues, appartenant à des milieux sociaux modestes, ayant un niveau d'éducation et des revenus inférieurs à ceux des autres joueurs. Moins actifs que l'ensemble des joueurs au plan professionnel et moins souvent retraités, ils sont plus fréquemment chômeurs.

Les prévalences de jeu problématique sont variables selon le type de jeu. Les jeux de loterie sont ceux pour lesquels la part des pratiques problématiques est la plus faible au plan individuel mais, compte tenu de leur diffusion auprès d'une large population, ils génèrent une grande part des dommages induits. Les paris sportifs représentent le risque le plus important au plan individuel : la part des joueurs à risque modéré est 3 fois plus importante que pour les jeux de loterie et la part de joueurs excessifs 6 fois plus élevée. Ils sont en 2019 pratiqués par un joueur sur dix, mais jusqu'à un quart des comportements de jeu problématique peuvent leur être attribués. L'analyse conduite montre qu'un faible niveau de diplôme et de revenu, la pratique des paris sportifs et hippiques, des machines à sous, des autres jeux de casino, ainsi que la multi activité sont des facteurs à risque significatifs du jeu problématique.

**Evaluation des compétences de lecture (10 points)**

Présentation du corpus
Question n°1 : présente le corpus en 3 à 6 lignes en montrant son unité et ses différences. (3 points)

Analyse et interprétation
Question n°2 : documents 2 et 3
Comment les personnes addictes sont-elles décrites ? Quelle population est la plus « à risque » ? (4 points)

Question n°3 : document 1, 2ème strophe
Qui sont les femmes évoquées ?
Comment le poète montre-t-il leur souffrance ?
(3 points)

**Evaluation des compétences d'écriture (10 points)**

Sujet 1 :
Le jeu est-il nuisible pour l'être humain ?

Tu répondras à cette question dans un développement argumenté en t'appuyant sur les documents du corpus et tes connaissances personnelles. (40 lignes environ).

**Ou**

Sujet 2 :

Ton meilleur ami souffre d'une addiction au jeu qui lui gâche la vie.
Essaye de le convaincre d'arrêter en préparant un discours argumenté.
(40 lignes environ).

**BACCALAUREAT PROFESSIONNEL BLANC 2**

**EPREUVE DE FRANÇAIS**

**Durée de l'épreuve : 2h30 ; Coefficient : 2,5**

**Objet d'étude : le jeu**

**Document 1** :

https://www.courspaulclement.fr/blog-actualites/le-theatre-un-outil-pour-vaincre-sa-timidite/

# LE THÉÂTRE : UN OUTIL POUR VAINCRE SA TIMIDITÉ ?

*Nombreux sont les élèves des cours de théâtre à « se faire violence » et à monter sur scène pour apprivoiser leur timidité. Une audace qui porte ses fruits !*

Le mot « timide » vient du verbe latin « timere » qui signifie « craindre ». Mais que craint donc le timide ? Le regard des autres ? La peur de se tromper ? D'être ridicule ? Sûrement un peu tout ça à la fois… La timidité n'est pas une mauvaise chose en soi ! Un grand nombre d'acteurs connus et reconnus sont de grands timides ou d'anciens timides maladifs. Jean-Louis Trintignant, Catherine Deneuve, Philippe Torreton… Tous admettent appartenir à la grande famille des timides. Certains en ont même fait une force. A l'image de François Cluzet, qui voit dans la timidité un vivier d'émotions : « Quand on est timide on garde tout en soit, et un acteur ne peut pas aller jouer s'il n'a rien en réserve ». Il ne s'agirait donc pas de « vaincre » sa timidité mais plutôt de l'apprivoiser afin qu'elle ne soit pas vécue comme une souffrance, une entrave dans la vie personnelle et professionnelle, un handicap pour la prise de parole au quotidien. C'est en cela qu'il est intéressant pour les timides de se pencher sur les vertus du théâtre en tant que moyen d'expression, de lâcher prise et de reconquête de l'estime de soi.

## S'habituer au regard des autres

Faire du théâtre c'est se ménager un rendez-vous hebdomadaire avec les autres. L'esprit de troupe qui naît au sein des cours de théâtre favorise un climat d'écoute et de bienveillance. En s'habituant progressivement au regard des autres, et en découvrant que celui-ci est la plupart du temps très bienveillant, être sur scène n'est alors plus vu comme une épreuve insurmontable. Au contraire ! Au fil des cours, le « plateau » tant redouté devient l'opportunité d'oser, de s'exprimer, de surprendre ses camarades voire de se surprendre soi-même.

**Apprendre des autres**

Par ailleurs, durant les cours de théâtre, il est courant d'alterner les phases de jeu et les moments dans le public en tant que spectateur. La frontière entre ces deux rôles, celui du regardant et du regardé, devient de plus en plus poreuse au fil de la pratique théâtrale. Observer les autres jouer c'est mieux comprendre les failles et les facilités de chacun. Le timide, s'il a plus de mal à extérioriser ses émotions au début, peut par exemple faire preuve d'un imaginaire foisonnant, d'une capacité d'observation plus développée...autant de qualités qui enrichiront son jeu une fois sur scène !

**Avancer masqué**

Interpréter un rôle est l'occasion de s'exprimer en endossant les habits du personnage. D'ailleurs le « personnage » se rapporte étymologiquement le masque de l'acteur. Les timides peuvent se sentir libérer par ce masque qui leur permet de se livrer en atténuant la peur du jugement. Le travail de construction du personnage facilite la familiarisation avec cet autre que soi tout en puisant dans ses émotions propres. Bref en jouant, le timide peut tout oser en avançant l'argument imparable : « C'est pas moi c'est le personnage ! »

**S'amuser pour s'oublier**

Au-delà de l'appréhension du regard des autres, c'est souvent le regard que l'on porte sur soi qui freine l'expression. Rien de pire pour l'acteur que de « se regarder jouer ». Le moment privilégie du cours de théâtre est une invitation à renouer avec la dimension ludique de l'expression, avec le plaisir du jeu. En étant tout entier à la scène qui se joue, le timide s'oublie et oublie ses craintes par la même occasion. Et une fois libérés de leurs entraves, les timides peuvent aller bien plus loin que les autres ! Prendre confiance dans le cadre d'un atelier théâtre peut ainsi être la première étape pour oser prendre la parole dans d'autres situation professionnelles ou personnelles...sans avoir à porter de masque cette fois

**Document 2** : Extrait de Dom Juan, Molière

*Pierrot surprend Dom Juan en train de faire du charme à Charlotte, sa promise.*

PIERROT : Testiguenne ! parce qu'ous êtes Monsieu, ous viendrez

caresser nos femmes à note barbe ? Allez-v's-en caresser les vôtres.
DOM JUAN : Heu ?
PIERROT : Heu. *(Dom Juan lui donne un *soufflet.)* Testigué ! ne me frappez pas. *(Autre soufflet.)* Oh ! Jernigué ! *(Autre soufflet.)* Ventrequé! *(Autre soufflet.)* Palsanqué ! Morquenne ! ça n'est pas bian de battre les gens, et ce n'est pas là la récompense de v's avoir sauvé d'estre nayé.
CHARLOTTE : Piarrot, ne te fâche point.
PIERROT : Je me veux fâcher ; et t'es une vilaine, toi, d'endurer qu'on te cajole.
CHARLOTTE : Oh ! Piarrot, ce n'est pas ce que tu penses. Ce Monsieur veut m'épouser, et tu ne dois pas te bouter en colère.
PIERROT : Quement ? Jerni ! tu m'es promise.
CHARLOTTE : Ça n'y fait rien, Piarrot. Si tu m'aimes, ne dois-tu pas être bien aise que je devienne Madame ?
PIERROT : Jerniqué ! non. J'aime mieux te voir crevée que de te voir à un autre.
CHARLOTTE : Va, va, Piarrot, ne te mets point en peine : si je sis Madame, je te ferai gagner queuque chose, et tu apporteras du beurre et du fromage cheux nous.
PIERROT : Ventrequenne ! je gni en porterai jamais, quand tu m'en poyrais deux fois autant. Est-ce donc comme ça que t'escoutes ce qu'il te dit ? Morquenne ! si j'avais su ça tantost, je me serais bian gardé de le tirer de gliau, et je gli aurais baillé un bon coup d'aviron sur la teste.
DOM JUAN, *s'approchant de Pierrot pour le frapper :* Qu'est-ce que vous dites ?
PIERROT, *s'éloignant derrière Charlotte :* Jerniquenne ! **je ne crains parsonne.**
DOM JUAN *passe du côté où est Pierrot :* Attendez-moi un peu.
PIERROT *repasse de l'autre côté de Charlotte :* **Je me moque de tout, moi.**
DOM JUAN *court après Pierrot :* Voyons cela.

*une gifle

## **Document 3** :

De Victor Hugo à Aimé Césaire, de Jean Jaurès à Simone Veil, Joey Starr prête sa voix pour donner à entendre les grands discours de l'Assemblée Nationale.

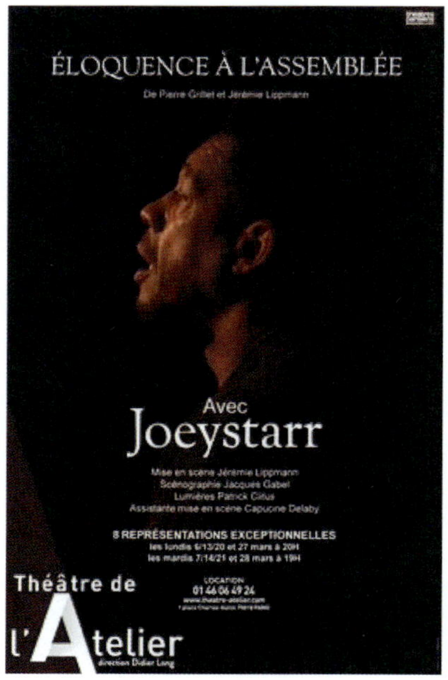


**Evaluation des compétences de lecture (10 points)**

Présentation du corpus
Question n°1 : présente le corpus en 3 à 6 lignes en montrant son unité et ses différences. (3 points)

Analyse et interprétation
Question n°2 : documents 1, 2 et 3
En quoi les documents 2 et 3 illustrent-ils bien le document 1 ? (4 points)

Question n°3 : document 2
Quels procédés du jeu de scène rendent cet extrait amusant à la fois pour le public et les comédiens ?
(3 points)

**Evaluation des compétences d'écriture (10 points)**

<u>Sujet</u> :

Jouer sur scène permet-il de lâcher prise (de se lâcher) ?

Tu répondras à cette question dans un développement argumenté en t'appuyant sur les documents du corpus et tes connaissances personnelles. (40 lignes environ).

**BACCALAUREAT PROFESSIONNEL BLANC 3**

**EPREUVE DE FRANÇAIS**

**Durée de l'épreuve : 2h30 ; Coefficient : 2,5**

## Objet d'étude : le jeu

## DOC1

https://www.calculersonimc.fr/905-le-jeu-video-pas-forcement-une-activite-100-sedentaire/#:~:text=R%C3%A9cemment%20publi%C3%A9%20dans%20le%20Journal,vid%C3%A9os%20sont%20une%20activit%C3%A9%20s%C3%A9dentaire.

### Le jeu vidéo, pas forcément une activité 100% sédentaire

Récemment publié dans le Journal of Obesity, une étude s'est penchée sur la mesure de l'inactivité à travers les jeux-vidéo.

Il est en effet généralement admis que les jeux-vidéo sont une activité sédentaire. Pourtant, les jeux de type incluant de l'activité physique dans leur « gameplay » (c'est à dire dans l'expérience de jeu) se sont grandement développés ces dernières années. Il existe de nombreux jeux dans lesquels l'activité physique est requise.

C'est de ce constat que sont partis les scientifiques afin de déterminer quelle était la véritable part d'activité moyenne dans l'utilisation des jeux-vidéo.

### L'étude

Réalisée en Australie, l'étude a consisté à interroger 2026 adultes (plus de 18 ans) par téléphone. Il était alors demandé des précisions sur leurs habitudes par rapport aux jeux-vidéo. S'il y avait des enfants au sein du foyer (ce qui a été le cas pour 537 foyers), alors l'un d'entre eux était sélectionné de manière aléatoire afin de récupérer ses habitudes en lien avec le jeu-vidéo.

Les résultats font apparaitre que :

- 31.3% des personnes interrogées (adultes) jouaient parfois aux jeux-vidéo
- Un chiffre plus élevé chez les enfants : 79.9%

Concernant ces personnes :

- 24.1% des adultes indiquaient jouer à des jeux de type « fitness » ou faisant intervenir de l'exercice physique (jeu de danse, etc.)
- 42.1% des enfants étaient concernés par ces jeux

En termes de temps passé par rapport au temps total sur les jeux-vidéo, cela représente :

- Environ 33% du temps chez les adultes
- Environ 20% du temps chez les enfants

L'étude indique que même si la plupart de ces jeux « sportifs » ne constitue qu'une activité physique faible à modérée, ces chiffres sont statistiquement significatifs.

**Pourquoi cette étude**

De précédentes études s'étaient déjà accordées plusieurs fois sur le fait que ces jeux représentaient généralement des bénéfices chez les joueurs. Mais jusqu'à présent il n'existait pas, selon les chercheurs, d'étude permettant de déterminer la proportion de temps passé à ces jeux-vidéo « sportifs ». C'est désormais chose résolue.

De plus, les scientifiques ont souhaité mettre en évidence qu'il était possible d'élargir le champ des campagnes de communication afin de faire faire du sport aux individus. Historiquement, les campagnes afin de promouvoir l'activité physique se sont portées presque exclusivement sur des activités assez traditionnelles (course à pied, etc.). Même si la sédentarité est à éviter, celle-ci, en l'occurrence en ce qui concerne les jeux-vidéo, peut parfois cacher des pistes sur lesquelles travailler pour inciter les individus à faire plus de sport.

**DOC2**

**DOC3**

https://cursus.edu/articles/42777/lunivers-dun-jeu-video-influence-positivement-la-motivation-dans-lapprentissage

L'univers d'un jeu vidéo influence positivement la motivation dans l'apprentissage :

Il existe des jeux vidéo auxquels on joue sans voir le temps passer, alors que d'autres sont abandonnés sans regret après quelques minutes. Nos expériences antérieures de jeu affectent nos choix et pratiques ludiques postérieures. Ainsi un «hardcore gamer» est parfois plus exigeant et regardant sur la qualité ludique, l'univers, le gameplay ou la scénarisation d'un jeu.
Le souhait de tout joueur professionnel de jeu vidéo c'est d'atteindre le nirvana, cette zone de flow où l'équilibre challenge-compétence permet au joueur d'être transporté dans l'univers même du jeu avec lequel il ne fait qu'un.
Le plus important, ce n'est pas la compétition (challenge) ou la compétence (skills), mais bien la relation entre les deux. C'est elle qui permet au joueur d'atteindre « la zone ». Si votre niveau est faible et que la compétition l'est aussi, ou si votre niveau est élevé et que la compétition l'est aussi, alors vous pouvez le faire.
À l'inverse, si vous êtes outsider, vous serez dépassé par l'ampleur de la tâche et, d'après Csikszentmihalyi, c'est du stress (anxiety) que vous ressentirez, pas le Flow. Et si votre adversaire est trop faible, vous tomberez dans l'ennui (boredom).

**Je m'y reconnais**

En nous appuyant principalement sur la théorie du flow, nous avons mené une étude sur un jeu sérieux pour mobile dédié à l'apprentissage des modes de prévention et de traitement du paludisme : Hello Nurse.
Ce jeu a été intégré au parcours pédagogique des élèves infirmières et sages-femmes d'un établissement public à Accra au Ghana. Les résultats de l'étude menée avec un échantillon de 157 participants démontrent en effet que, des joueurs expérimentés peuvent atteindre un certain état de flow avec un jeu sérieux lorsque ce dernier contient une forte dimension identitaire ou culturelle. Autrement dit, l'Univers du jeu Hello Nurse, bien qu'ayant une faible qualité ludique, est facteur de motivation et influence très positivement l'expérience de jeu des joueurs.

**Evaluation des compétences de lecture (10 points)**

Présentation du corpus

Question n°1 : présente le corpus en 3 à 6 lignes en montrant son unité et ses différences. (3 points)

Analyse et interprétation

Question n°2 : documents 2 et 3

Quels arguments chacun des documents avance-t-il pour expliquer l'influence (ou pas) des jeux vidéo sur notre cerveau ? (4 points)

Question n°3 : document 1
Paradoxalement, comment cet article démontre-t-il que les jeux vidéo pourraient aider à perdre du poids ? (3 points)

**Evaluation des compétences d'écriture (10 points)**

Sujet :

Quel est l'impact des jeux vidéo sur l'être humain ?

Tu répondras à cette question dans un développement argumenté en t'appuyant sur les documents du corpus et tes connaissances personnelles. (40 lignes environ).

## LES 8 COMMANDEMENTS DU JEUNE PROF

## (Les trucs-fondamentaux-qu'on n'apprend pas en Master MEEF !)

### 1) Soigner son entrée !

On ne va pas se le cacher : entrer dans l'arène la première fois, c'est flippant. Attends-toi à avoir 30 faces inquisitrices qui te scrutent de la tête aux pieds, à la recherche de la faille et aie conscience que tu seras jugé dès les premières minutes. C'est dit. Mais ouf, respire, heureusement, il existe quelques tactiques pour survivre à cette épreuve :

- **Fais semblant** d'être relax, d'être sûr de toi, d'être le champion de la sérénité. A l'intérieur, tu peux avoir envie de déguerpir, te liquéfier sous ton pull, voire penser à t'uriner dessus ( !!!) mais extérieurement, AIE L'AIR COOL. Etre prof, c'est un peu être acteur : tous les jours tu montes sur scène et tu délivres ta prestation, tu joues un rôle, laissant tes problèmes à la maison, ne laissant rien transparaître de tes préoccupations quotidiennes.
- En PNL, technique psychologique pour développer son potentiel et son assurance, on parle de **modèle** : tu choisis une personne que tu admires pour telle ou telle qualité, ici par exemple son sang-froid ou sa confiance en soi, et tu te mets dans sa peau, tu agis comme si tu étais cette personne. Peu importe qui : ton père, Barak Obama ou le pape, le principe est de t'en inspirer, de copier son attitude et d'agir comme il le ferait.
- Montre-toi ferme…mais pas trop ! « **Autorité** » vient du latin élever, faire grandir et pas punir ou rabaisser comme c'est trop souvent le cas. Un élève sanctionné de manière juste pour une bêtise acceptera la sanction alors que le réprimander ou l'humilier devant les autres le rendra hostile, rancunier…et certainement très chiant pour le reste de l'année ! Moi, après m'être présentée, avoir mentionné le programme, j'affichais directement la couleur avec un discours du genre : « *Côté discipline, pour ne prendre personne en traître et que tout le monde soit prévenu : je n'ai aucune patience ! Je ne suis pas là pour faire la marionnette devant vous et je ne suis pas devenu prof pour passer mon temps à m'énerver et crier. Je*

*vous respecte et j'ai à la base un bon à priori sur vous sinon je ne serais pas là. J'en attends autant de votre part. Moi, je fonctionne à base de croix : chaque bavardage ou attitude limite vous vaudra une croix au tableau. Si vous arrivez à 3 croix dans le même cours, il y aura sanction (devoir supplémentaire par exemple). Sachez que dès maintenant, vous partez tous avec un 20/20 en conduite qui comptera dans votre moyenne trimestrielle. A vous de le conserver : à chaque sanction, je vous retirerai 2 points mais pour le moment, le 20/20, c'est gagné !* ». Bizarrement ce truc du 20/20 marche très bien : beaucoup d'élèves n'ont jamais eu de 20 dans leur scolarité et sont donc tout contents de la prouesse ; de plus, ils ont l'impression que conserver un 20 est plus facile que de l'obtenir.

- **Parle jeune**. Pas de « wesh » ni de grossièretés mais pas de langage décalé non plus. Oui, nous sommes enseignants et devons garder une certaine posture, montrer l'exemple, afficher notre culture et notre bonne éducation. Mais l'expérience m'a prouvé qu'on se fait mieux comprendre et plus vite avec un bon « ça va, ça vous dérange pas trop de parler en même temps que moi là ?! Parce que moi ça me prend la tête. » qu'avec des « silence svp, je vous demande de vous arrêter ! ».
- **Utilise l'humour**. Là encore, « silence ! » ne fonctionne pas : fais-les sourire avec un « Punaise, on se croirait dans un poulailler ! Baissez d'un ton les volailles. »
  De même, mets-toi le rigolo ou le cancre dans la poche en t'adressant à lui sur le ton de la plaisanterie : « Ok Max, puisque tu fais le malin dès que j'ai le dos tourné, tu vas venir là mon petit chat, au premier rang juste devant moi. Tu voulais mon attention, tu l'as toute entière : viens-là mon lapin, allez allez !» Et tu continues de t'adresser à lui de temps en temps tout le long du cours : « Et toi Max, qu'est-ce que tu en penses ? » ou de lui donner des missions : « puisque Max est très en forme aujourd'hui, il va vous distribuer les photocopies : merci Max ! ».

Côté look, on le sait, les ados attachent beaucoup d'importance aux apparences alors on évite les cheveux gras, la raie au milieu ou le vieux costume en tweed de papa. La première impression étant primordiale (elle te suivra le reste de l'année !), n'hésite pas à faire un effort particulier, comme si tu te rendais à un premier rencard avec la plus belle fille du quartier. Rien d'extraordinaire hein, mais du neutre, des tons passe-partout (noir, beige, gris…) histoire d'éviter les surnoms et moqueries pendant 10 mois…

### 2) Susciter l'intérêt

Exit le prof soporifique assis derrière son bureau qui débite son cours d'une voix monocorde.

- 1er conseil : rester **debout**, se déplacer pour les maintenir en éveil, passer entre les rangs, derrière eux pour montrer qu'on veille au grain et éventuellement lancer un regard plus appuyé ou poser une main sur l'épaule d'un bavard.

- 2ème conseil : comme dans une lettre de motivation, l'**accroche** du cours doit éveiller leur curiosité, attirer leur attention. Pourquoi ne pas partir d'un événement dans l'actualité pour lancer un sujet ? Ou diffuser un court documentaire U tube de 2 ou 3 minutes sur le thème à étudier ? Ou bien encore partir d'une question débat ou chacun sera libre de s'exprimer durant les 5 premières minutes du cours ? Il existe plein de possibilités de capter leur attention, à toi d'être inventif et de te renouveler à chaque fois. Le photolangage fonctionne bien aussi : partir de quelques images en rapport avec le thème pour leur faire exprimer leur ressenti. L'**EXPRESSION** de l'élève, son implication active, sa participation, voilà le secret. Il faut que ta classe soit interactive, pas que le savoir se transmette de haut en bas comme dans un cours magistral, avouons-le, bien souvent triste à mourir…

- 3ème conseil : proposer des **choix fermés**. Personne n'aime subir. On aime avoir son mot à dire et pouvoir choisir. Quand c'est possible propose une alternative : travailler seul ou en groupes pour tel ou tel exercice, regarder un film sur la seconde guerre mondiale ou organiser une visite au mémorial de Caen, choisir tel pays plutôt que tel autre pour évoquer le tourisme mondial, être évalué individuellement ou en groupes…

### 3) Multiplier les pratiques pédagogiques

Depuis 1989, les instructions officielles recommandent le courant pédagogique **constructiviste**. C'est à dire que le savoir est construit autour de l'élève, par rapport à lui et que c'est la transmission de ce savoir qui doit s'adapter au mode de fonctionnement de l'apprenant et pas l'inverse. Le cours magistral au tableau n'a donc plus du tout la cote. Pourtant, c'est lui qu'on rencontre encore fréquemment puisque des générations entières d'enseignants ont fonctionné comme ça jusque-là.
Le top du top serait maintenant d'enseigner en « **situation problème** », c'est-à-dire de préconiser une **démarche hypothético-déductive** dans laquelle l'élève, face à un problème donné, cherche lui-même des réponses, des solutions, tâtonne pour trouver (erreur= source d'apprentissage) et est beaucoup plus autonome et actif que lorsqu'il se contente d'écouter le professeur et de prendre des notes.
Certes cela demande de la préparation de la part de l'enseignant et un investissement lors de sa première année mais cela vaut le coup : les élèves, plus motivés, sont plus faciles à gérer, plus demandeurs, moins dispersés et le temps passe plus vite.
Faire travailler les élèves en **coopération** est également bénéfique : on est moins statique, on peut se déplacer dans la classe, se regrouper, chuchoter pour échanger, se faire aider, confronter ses idées. C'est une pratique à ne pas négliger, surtout en histoire/géo/EMC où l'éducation à la citoyenneté est primordiale. Ainsi, les exposés (thèmes au choix dans une liste) par groupe de 4 sont à privilégier, avec temps d'étude, de recherche et d'écriture en cours, suivi d'une présentation orale dynamique devant la classe. Et pourquoi pas un blog de la classe avec des tutos en ligne de 2 ou 3 minutes réalisés par les élèves sur des sujets au programme ? Le

**numérique** est en effet très largement préconisé dans les instructions officielles. (http://lewebpedagogique.com)
A garder en tête aussi : tous les élèves ne fonctionnent pas de la même façon ; certains retiennent en écoutant, d'autres en visualisant, d'autres en passant par le geste, etc... D'où l'importance d'alterner les outils proposés lors d'une même séance, c'est ce qu'on appelle la **différenciation**.

## 4) Aller à l'essentiel

Certes, avoir un élève capable de nous ressortir par cœur toutes les grandes dates de l'histoire, de nous déclamer du Baudelaire durant des heures ou d'effectuer des équations à 2 inconnues, c'est bien. Mais quel est le but ? Concrètement, à quoi cela va-t-il lui servir dans la vie ? Cela va-t-il lui permettre d'être un meilleur citoyen ou une personne plus épanouie ?
Il ne faut jamais perdre de vue, que l'**utilité** des connaissances transmises est un facteur important de la motivation.
Bien sûr, il y a des programmes scolaires à respecter. Mais ils sont tellement vastes qu'on en fait difficilement le tour, alors l'enseignant est libre de donner la priorité à ce qui lui semble important, de mettre l'accent sur les concepts à retenir plus que sur des noms et des dates qu'on oubliera de toute façon bien vite. A l'inverse, la structuration de la pensée reste, le sens critique se développe, la libre pensée et l'autonomie doivent être accessibles à tous.
Que retenir de la seconde guerre mondiale ? Que tel commandant a remporté telle victoire tel jour ? Ou que le pouvoir mis entre de mauvaises mains peut aboutir à l'ignominie et au génocide ?...
Un bon truc à mettre en place à chaque fin de cours : l'**objectivation**, c'est-à-dire faire récapituler l'essentiel aux élèves : « qu'a-t-on appris aujourd'hui ? Qu'avez-vous compris ? » puis en garder une trace écrite, si possible sous forme de **carte mentale** avec images et couleurs (qui parle à plus de gens que le simple résumé de cours).

## 5) Préparer des cours « carrés »

Rien de pire qu'un prof qui lit de manière linéaire son manuel sans aucune implication personnelle. Certains le font et s'étonnent ensuite que leurs cours dégénèrent, que les jeunes soient dissipés, manquent de motivation alors qu'il suffirait de remettre sa pratique professionnelle en cause pour trouver la solution.
Comme dit plus haut, oui, préparer des cours demande du temps. Mais au final, on gagne en confort dans la classe. Et puis normalement, en tant que prof, on est intéressé par sa matière, donc le temps passé à préparer sa séquence peut être aussi source de plaisir et d'enrichissement.
Une séance se décompose en différentes phases : (temps indicatifs)
-l'**accroche** ou mise en route (si possible percutante !) pour introduire le sujet. (5min.)
-la **recherche** individuelle ou en groupes (15 min.)
-la **mise en commun** en classe entière, à l'oral (15 min.)
-l'**institutionnalisation**, c'est-à-dire la trace écrite (10 min.)
-la **pause métacognitive** (Qu'avez-vous retenu, compris ?) (5 min.)

Etre carré et pro ne veut pas dire tout savoir. Forcément, on te posera des questions auxquelles tu ne sauras pas répondre. No panique ! La meilleure option : **reconnaître tes limites**, dire que tu n'es pas une encyclopédie vivante et que tu ne sais pas tout mais que tu te renseigneras pour apporter une réponse la fois suivante !

## 6) Evaluer de manière positive

C'est une obligation inscrite dans la loi de refondation de l'école de 2013 : finies les notes humiliantes, vive **l'évaluation informative** !
En cours de séquence, les **évaluations formatives** sont là pour dire à l'élève s'il est au point sur les connaissances à acquérir, pour le situer. On peut très bien garder les mentions du Socle Commun « insuffisant/fragile/satisfaisant/très bon » ou des smileys expressifs.
Attention : corriger des copies prend du temps>épargne-toi en privilégiant les QCM avec cases à cocher ou demande des

définitions de mots clés : c'est rapide en début de cours (5 min) et permet de contrôler les apprentissages.
Autre astuce : tu ramasses les copies et les redistribues aussitôt en inversant les rangs : correction orale en classe entière par les élèves eux-mêmes qui adorent se mettre dans le rôle du prof !
Comme les notes n'ont pas encore totalement disparu dans le secondaire, on pourra se contenter de **l'évaluation sommative**, en fin de séquence, qui vient valider les apprentissages. Mais là encore, on peut jouer sur les méthodes pour stimuler les élèves plutôt que de les décourager : noter un travail de groupes, permettre à l'élève qui n'a pas eu un bon résultat d'augmenter sa moyenne en préparant un exposé oral, noter un devoir fait à la maison…
Sans oublier le 20/20 en conduite initial, qui comprend la participation orale et l'implication !

## 7) Etre bienveillant

On ne va pas se mentir : parfois, on aimerait les étrangler !
Mais il faut garder en tête qu'on a affaire à des enfants, pénibles, insolents, violents parfois…mais des enfants !
Même si le terme de coéducation avec les parents est à la mode, certains souffrent de grosses carences éducatives à la maison et n'ont pas d'adultes référents pour avancer. A nous alors de tenter de leur transmettre des valeurs, de leur inculquer les savoir-être sociaux et la vie en communauté.
D'autres ont simplement des problèmes d'adolescents (parents divorcés, déceptions amoureuses, disputes entre camarades…) dont il faut tenir compte : on sait que l'adolescence est une étape plus ou moins difficile à passer, où on se cherche, on expérimente et on ne maîtrise pas toutes ses pulsions. A nous adultes de rester exemplaires et de calmer le jeu.
Tant que faire se peut, éviter de réprimander un élève devant la classe mais plutôt le retenir à la sortie du cours pour échanger avec lui. Ne jamais le remettre en cause en tant que personne (« tu es nul, tu m'énerves, tu ne comprends rien, tu es mal élevé »…) mais

pointer du doigt ses mauvaises attitudes (« ce n'est pas poli de m'interrompre », « on ne peut pas accepter que tu traites un camarade, il y a d'autres moyens de t'exprimer »…)
Perso, je traite toujours les jeunes que j'ai en face de moi de la manière dont j'aimerais qu'on traite mes propres enfants. Ou ton petit frère ou ta petite sœur, le cas échéant. Avec respect, bienveillance et critique constructive.
Un élève a laissé échapper un « connard » ou « bâtard» tellement bas que tu n'es pas censé l'avoir entendu ? Fais mine de rien, tu n'as rien entendu, c'est encore le meilleur moyen d'éviter le clash. Si, par contre il est clair que tu as entendu parce qu'il s'est exprimé suffisamment fort, ne laisse pas passer : garde ton calme et ton humour mais colle-le une heure avec un devoir à rédiger en lien avec l'affront subi (ex : quels sont les 4 commandements des **accords toltèques** et que faut-il en retenir ? *ps : si tu ne connais pas, lis toi-même cet ouvrage de développement personnel qui t'aidera dans tes pratiques : être bienveillant, ne rien prendre personnellement, ne pas s'imaginer des choses et faire de son mieux !).*

## 8) Continuer de se former

Plus on apprend, plus on découvre, plus on se rend compte qu'on est ignorant ! En bref, on n'a jamais fini d'apprendre.
Les contenus des programmes scolaires sont déjà vastes, mais si on y ajoute tout ce qui est pédagogique, il y a une multitude de choses à connaître pour améliorer ses pratiques de classe.

Printed in Poland
by Amazon Fulfillment
Poland Sp. z o.o., Wrocław

76335679R00061